KB058308

아이 마음의 힘을 키우는 부모의 그 말

子どもの心を強くする すごい声かけ

ⓒ Hiromi Adachi 2021
Originally published in Japan by Shufunotomo Co., Ltd
Translation rights arranged with Shufunotomo Co., Ltd.
Through Eric Yang Agency

아이 마음의 힘을 키우는 부모의 그 말

초판 1쇄 인쇄 2022년 8월 22일
초판 1쇄 발행 2022년 9월 1일

지은이 아다치 히로미 | **옮긴이** 최현영
발행인 박효상 | **편집장** 김현 | **기획·편집** 장경희 | **디자인** 임정현
조판 조영라 | **교정·교열 진행** 최주연
마케팅 이태호 이전희 | **관리** 김태옥

종이 월드페이퍼 **인쇄·제본** 예림인쇄·바인딩 | **출판등록** 제10-1835호
펴낸 곳 사람in | **주소** 04034 서울시 마포구 양화로11길 14-10(서교동) 3F
전화 02) 338-3555(代) **팩스** 02) 338-3545 | **E-mail** saramin@netsgo.com
Website www.saramin.com

책값은 뒤표지에 있습니다.
파본은 바꾸어 드립니다.

ISBN 978-89-6049-963-8 13370

우아한 지적만보, 기민한 실사구시 사람in

아이 마음의
힘을 키우는
부모의 그 말

아다치 히로미 지음 | 최현영 옮김

예민함도 아이가 가진 훌륭한 이면입니다.
유연한 강인함으로 바꿔 주세요.

사람in
saram
in.com

강인하고 유연한 마음을 가진 아이로 키우고 싶은 부모에게

　안전하고 완벽한 자궁 속 환경에서 세상 밖으로 나오는 순간 인간은 누구나 낯설고 두렵고 불안할 수밖에 없습니다. 따라서 세상에 적응하며 살아가기 위해서는 세상이 안전하다는 확인과 자기 존재가 괜찮다는 확신이 필요합니다. 즉, 자신과 세상에 대한 신뢰가 구축이 되어야 비로소 세상 속으로 한발 한발 걸어 들어갈 수 있습니다. 이 모든 과정을 함께하는 사람이 바로 양육자입니다. 양육은 독립된 인격체로 자기를 실현하면서 타인과 더불어 살아갈 수 있도록 가르치고 돕는 모든 과정을 말합니다.

　인지가 갓 발달하기 시작한 아이들에게, 세상의 모든 일들을 머리로 이해하기는 어렵습니다. 머리가 옳고 그름을 따져보기도 전에 몸과 정서로 모든 경험을 스펀지처럼 흡수하지요. 아이에게 부모는 자기가 어떤 사람인지를 비춰 주는 거울과 같습니다. 따라서 애착 과정에서 부모에게 요구되는 것은 바로 민감성입니다. 아이가 시시때때로 보이는 감정적 신호를 민감하게 포착하여 즉각적이고 적절하게 반응하는 것이 중요합니다. 그래서 애착은 '반응성'이라고도 합니다. 이 애착은 세상에 대한 탐색으로 이어집니다. 부모를 안전기지 삼아서 새롭고 낯선 곳을 향해 한 걸음씩 나아가는 것이지요. 이처럼 부모는 아이와 세상을 이어 주는 다리와 같습니다. 장자의 말을 빌리면, 인간은 모두에게 열려 있는 존재이며 소통을 통해서 비로소 연결됩니다. 아이가 자기를 이해하고 세상과 연결되기 위해서 소통은 절대적으로 필요한 요소입니다. 그런 의미에서 양육의 모든 과정은 소통의 과정이라고 해도 과언이 아닙니다.

세상은 온통 예측 불가능한 일들의 연속이며 인간은 완벽하지 않기에 크고 작은 좌절과 시련을 피해 갈 수 없습니다. 따라서 아이에게는 무엇보다 회복력이 필요합니다. 고난과 역경에 직면했을 때 자신 안의 내적·외적 자원을 효과적으로 활용하여 딛고 일어서는 힘을 회복력이라고 합니다. 이 책의 저자는 '회복력 교육' 전문가입니다. 많은 학자들이 회복력이 선천적으로 타고나는 것이 아니라 후천적으로 배양되는 능력임을 밝혀냈습니다. 저자 또한 회복력은 경험, 지식, 기술을 통해 기를 수 있고 학습할 수 있는 능력이라 말하는 동시에 회복력을 키우는 비밀은 바로 부모의 말,

즉 '기적의 말'에 있다고 말합니다. 아이는 부모의 말을 통해 부쩍 부쩍 성장할 뿐 아니라 심지어 부모의 말이 아이의 마음을 지키는 백신이라고 저자는 힘주어 말합니다.

무엇보다 이 책을 사랑하게 된 이유는 저자의 '친절함' 때문입니다. 넘쳐나는 육아 관련 서적을 읽으면서 많은 부모들은 "이론적으로는 알겠는데, 그래서 어쩌라고?"라고 볼멘소리를 합니다. 예를 들면 "건강을 위해서는 반드시 다이어트를 해야 합니다!"라고 강조하면서 정작 다이어트를 어떻게 해야 하는지를 알려 주지 않는 경우이지요. 실제 다이어트를 하려면 매일의 식단과 운동량 또는 운동 종류 등에 대한 실질적이고 구체적인 행동 지침이 필요합니다. 즉 우리에게는 다이어트의 중요성뿐 아니라 실제 다이어트를 하는 방법까지도 필요하지요. 그런 의미에서 이 책의 저자는 제가 만난 그 어떤 책의 저자보다 친절하고 세심합니다. 오랫동안 교육 현장에서 시행하고 그 효과가 입증된 이론을 뒷받침해 주는 구체적이고 실질적인 행동 지침, 즉 '기적을 일으키는 말'을 아낌없이 풀어 놓았습니다. 이 책을 앉은 자리에서 숨도 쉬지 않고 단숨에 읽은 이유이지요. 읽는 내내 연신 고개를 끄덕이며 "그래 맞아!"라는 말을 되뇌는 제 자신을 발견했지요. 이 책을 읽는 부모들 또한 저와 같은 경험을 하리라 믿습니다. 이 책의 모든 '말'들은 살아 움직입니다. 먼저는 마음을 툭 건드리고 행동으로 이끄는 힘이 있습니다. 무엇보다 저자의 '아직'이라는 말이 마음 깊이 와 닿습니다. 저자는 자녀가 실패하거나, 하는 일이 순조롭게 풀리지 않을 때는 '아직'이라는 말을 떠올리라고 조언합니다. 양육에서 '아직'이라는 말보다 더 위로가 되는 말이 있을까요?

연구에 의하면 회복력이 높은 아이들에게는 다른 아이들에게 없는 딱 한 가지가 있었다고 합니다. 바로 '단 한 명의 어른'입니다. 그들 인생에서 만난 '단 한 명의 어른'은 아이를 무조건 지지하고 격려함으로써 아이에게 심리적 완충제 역할을 합니다. 이들은 아이 스스로 자신이 사랑과 보살핌 속에서 가치 있는 존재로 존중받고 있음을 깨닫도록 돕습니다. 무엇보다도 공동체 속에 소속되어 있다는 연결감을 주지요. '단 한 명의 어른'이 해야 할 역할은 바로 소통에 있다고 해도 과언이 아니지요. 이 책은 가정에서 매일 실행할 수 있는 형태, 즉 양육자의 '말'을 통해 높은 회복력을 가진 아이로 자라게 하는 방법을 알려 주고 있습니다. 우리 아이가 역경과 고난에 지지 않고 당당하게 헤쳐 나가기를 바란다면, 그리고 부모로서 실질적인 도움을 주고 싶다면 이 책에 그 답이 있습니다.

안정희
〈사춘기 자존감 수업〉 〈진작 아이한테 이렇게 했더라면〉의 저자

'역경에 지지 않는 힘'이 진정한 무기가 된다

"인생의 역경을 유연하게 뛰어넘어, 행복하게 살게 해 줄 마음의 힘을 길러 주고 싶다"

오늘날, 이런 생각을 하는 부모님이 급격히 늘고 있습니다. 지금처럼 예측이 힘들고 변화가 극심한 시대가 이전에 없었기 때문일지도 모릅니다. 전쟁, 바이러스의 대유행, 기후변화 등 전 세계적으로 미래에 대한 전망이 불투명해 어느 길로 가야 할지 막연하기만 합니다. 일상생활에서도 복잡해지는 인간관계나 점점 빨라지는 과학 기술 발전 속도에 따라 교육 방식도 바꿔 주어야 하는 것은 아닌지, 여러 모로 불안합니다. 대체 아이들에게 무엇을 가르치고 어떤 길로 가도록 이끌어야 할까요? 수많은 부모님이 불안을 떠안은 채 해답을 찾고 있습니다.

저 역시도 아이를 기르는 엄마로서 근심에 잠기는 일이 적지 않습니다. 가능하면 아이들에게는 온건한 사람들에게 둘러싸인 다툼 없는 환경, 역경 없는 길을 준비해 주고 싶은 심정입니다. 그러나 아무리 생각해도 그런 평화롭고 풍파 없는 인생을 준비해 주는 것은 어려울 것 같습니다. 실제로 인생에는 원치 않는 괴로운 일, 실패와 변수가 수도 없이 존재하기 때문입니다. 그런 경험을 하지 않게 막기보다는 그런 위기를 잘 극복하여 인생의 기쁨으로 바꿀 수 있는 힘을 익히도록 해 줘야 아이들이 진정 행복한 인생을 살아갈 수 있는 비결을 터득하게 될 것입니다. 그리고 그 힘은 어른이 줄 수 있는 것이 아니라 아이 자신의 내면에서 키워 가야 하는 힘입니다.

그렇기에 '어떤 시대, 어떤 환경에 처하더라도 역경에 지지 않고 당차게 살아가는 힘이야말로 아이들의 유일하고도 확실한 무기가 된다'라고 단언할 수 있을 것입니다.

이런 역경과 곤란, 시련에 지지 않고 회복하는 능력을 '레질리언스resilience'라고 합니다. '레질리언스'란 '회복력, 복원력'이라는 의미입니다. '역경에 지지 않는다'라는 말을 들으면 무엇에도 요동하지 않는 강하고 굳건한 힘이라는 이미지부터 떠오를 겁니다. 그러나 회복력은 그저 강하기만 한 힘이 아니라 꺾이고 주저앉아도 거기서 다시 일어나는 '유연한 마음의 힘'을 가리킵니다.

이 책에서는 부모님이 매일 자녀들과 나누는 대화를 통해 이 회복력을 확실히 키워 갈 수 있는 방법을 알려 드리고자 합니다.

'역경에 지지 않는 힘'은 누구에게나 있다

저는 심리학을 기반으로 역경을 이겨내는 힘을 기르는 '회복력 교육'을 전문으로 하고 있습니다. 어떻게 하면 아이들이 시련에 지지 않고, 자기다운 강점과 재능을 발휘할 수 있을지 연구하면서 얻은 지식과 경험을 부모님들과 나누고자 합니다.

"강인한 마음이요? 그건 원래 타고나는 것 아닌가요?"

"타고난 기질인데, 이제 와서 바뀌겠어요?"

이렇게 반문하시는 분들도 계실 것입니다. 그러나 제가 대표를 맡은 긍정교육협회의 고문이자 유럽에서 긍정심리학을 선도하는 일로나 보니웰Ilona Boniwell 박사를 비롯한 많은 연구자가 "회복력은 기를 수 있다"라고 말합니다. 실제로 보니웰 박사는 이 이론과 체계를 기반으로 한 방법으로 영국, 프랑스, 네덜란드, 일본, 싱가포르 등 각국의 교육 및 비즈니스 현장에서 회복력 훈련을 실천하면서 눈부신 성과를 거두고 있습니다.

심리학에서 회복력의 개념이 탄생한 것은 1960~1970년대였습니다. 부모의 정신질환 등 가정에 다양한 스트레스 요인이 있는데도 발달이 양호하고 원만하게 사회 적응을 하는 아동이 일부 존재한다는 것에 주목하면서, 그 아이들이 가진 적응 능력과 회복력을 가리키는 개념으로 '레질리언스'를 사용하게 되었습니다. 이후, 1980~1990년대에는 회복력을 기르는 데 필요한 요소에 관한 연구가 진행되었고 2000년대 이후에는 개인의 내면에 존재하는 회복력 요인에 관한 연구가 다수 이루어지고 있습니다.

이처럼 장기간에 걸쳐 이루어진 연구로, 회복력에는 다음 3가지 주요 특징이 있다는 것이 밝혀졌습니다.

회복력의 주요 특징

❶ 회복력은 누구에게나 있는 마음의 힘이다.
❷ 개인의 회복력 요인은 다양하고 타고난 개인차가 있다.
❸ 경험, 지식, 기술을 통해 기를 수 있고 학습할 수 있는 능력이다.

매일 아이에게 하는 '말'이 세상을 바라보는 아이의 시각을 좌우한다

회복력은 프로 운동선수와 유명인 등 특별한 사람만이 가진 것으로 오해하기 쉽지만, 사실은 누구나 반드시 가지고 있는 힘입니다.

이 책에서는 가정에서 매일 실행할 수 있는 형태, 즉 양육자의 '말'을 통해 높은 회복력을 가진 아이로 자라게 하는 방법을 알려드리고자 합니다.

이 책에는 또 한 가지 목적이 있습니다. 그것은 아이들이 시련과 역경 속에서도 능력을 발휘할 수 있도록 부모와 자녀 간 의사소통의 질을 높이는 것입니다.

'적절한 말'이 아이의 회복력을 기르고 부모와 자녀 간 의사소통의 질을 높입니다. 부모 또는 곁에서 아이를 지켜봐 주는 어른의 말이 세상을 바라보는 아이의 관점이 되고 사고방식의 일부가 되는 경우가 많습니다.

제가 이전에 근무했던 대안학교에 다니던 학생을 수년 후 다시 만난 적이 있습니다. 그 학생은 "선생님이 제가 힘들었을 때 '하루하루 모든 일이 나아질 거야. 그날그날 열심히 살다 보면 반드시 좋은 방향으로 갈 수 있을 거야. 괜찮아'라고 말씀해 주셨잖아요. 그 말씀이 늘 마음에 남아서 버팀목이 되었어요."라고 말했습니다. 그 말이 기쁘면서도 동시에 아이들에게 했던 말이 그렇게 몇 년에 걸쳐서 강하게 영향을 미친다는 사실에 저는 정신이 번쩍 들었습니다.

마찬가지로 독자 여러분이 매일매일 아이들에게 하는 말을 아이들은 앞으로 인생을 살아가면서 수없이 떠올릴 것입니다.

그 말이 역경과 시련을 극복하게 하는 말인지, 기운을 꺾는 말인지에 따라 아이는 인생을 살기가 쉬워질 수도, 어려워질 수도 있습니다.

우리는 모두 회복력을 가지고 있습니다. 그러나 사람마다 회복에 도움이 되는 요인은 다릅니다. 타고난 끈기일 수도 있고 터놓고 상의할 수 있는 사람의 존재일 수도 있습니다. 아이가 다시 일어서도록 도와주는 다양한 힘은 몇 가지의 '씨앗'으로 아이의 내면에 잠자고 있습니다. 어떤 회복력의 씨앗을 가졌는지는 사람마다 다릅니다. 매일의 생활 속에서 아이가 가진 회복력의 씨앗을 발견하기 위해서는 적절한 의사소통이 반드시 필요합니다.

아울러 이제부터 소개할 '말'이라는 거름을 줌으로써 아이들 속에 존재하는 회복력의 씨앗이 무럭무럭 자라게 될 것입니다. 그리고 유대감을 느끼며 안심할 수 있는 어른과의 희망적이고 안정적인 관계가 그 씨앗을 강력하게 키울 수 있는 토양이 될 것입니다.

이처럼 아이 각자가 가진 회복력의 씨앗을 키워 가면 어려운 상황에서도 스스로 자신에게 용기를 북돋우고 다시 일어설 힘을 기를 수 있습니다. 그리고 그런 회복 과정이야말로 인생을 윤택하게 하는 자산이 되어 아이들에게 버팀목이 되어 줄 것입니다.

여러분과 함께 회복력을 기르는 육아를 함께 실천하게 되어 대단히 기쁩니다. 동지로서 할 수 있는 것부터 한 발 한 발 앞으로 나아가 봅시다.

차 례

제 1 장 효과적인 대화를 위해 부모가 명심해야 할 중요한 사실 7가지

중요한 사실 1 부정적인 감정을 부인하지 말고 수용해 주자

결과뿐 아니라 '노력한 과정'을 칭찬하자

성격의 '강점'을 기르자

가족의 유대감을 강화하자

제2장 14가지 사례로 보는 실전! 역경에 지지 않는 아이로 키우는 부모의 말

"스트레스에 취약하고,

자신감도 바닥이고,

매사 금방 포기해 버리는 우리 아이.

앞으로 이 험한 세상을

어떻게 헤쳐나갈까요?"

"아이의 내면을 잘 들여다보세요.

마음이 약한 아이일수록

'부모의 말'을 통해 부쩍부쩍 성장합니다!"

'우리 아이는 마음이
너무 약한 게 아닐까?' 하는
불안감

좀처럼 자기 의견을 말하지 못한다,

매사에 포기가 너무 빠르다…….

내 아이가 그런 모습을 보이면

부모로서 답답하고 불안해집니다.

그러나 상처받고, 낙심하며, 실패하여 주저앉는 것도

귀중한 경험입니다.

중요한 것은 '다시 일어설 힘을 발휘할 수 있는가?'입니다.

'마음이 약하다'는 것은 아이가 가진 훌륭한 특성의 이면이다

'우리 애는 마음이 너무 약한 것 같아'라고 생각할 법한 사건을 접하게 되면, 부모로서 답답하고 불안한 마음이 듭니다. 이래서야 인생의 세파를 헤쳐나갈 수 있을까 하는 우려를 품게 되기도 합니다.

그러나 언뜻 보면 마음이 약해 빠지기만 한 것 같아도, 약해 보이는 아이일수록 그 아이만의 훌륭한 특성도 지니고 있는 경우가 많습니다. 예를 들어 아주 섬세한 것에도 마음을 쓸 줄 알고, 성실함과 상냥함이라는 대단히 뛰어난 성품을 갖추고 있는 것입니다. 사소한 일로 끙끙 앓는 것은 그런 특성의 이면이라고 할 수 있습니다. 마음이 약한 것이 반드시 부정적인 특성이라고 단정할 수는 없습니다.

역경과 시련에 맞서기 위해서는 어떤 일에도 끄떡없는 '강한 마음'과 '꺾이지 않는 마음'이 필요하다고 생각하는 사람이 많습니다. 그러나 사실 강한 마음에는 두 종류가 있습니다. 하나는 앞서 말씀드린 것처럼, 스트레스에 흔들리지 않는, 억세다고도 말할 수 있는 강함입니다. 다른 하나는 상처받아도 다시 일어서는 힘입니다.

스트레스를 느끼며 상처를 받거나 낙담할 수는 있지만, 그 자리에서 다시 일어서는 힘 역시 강한 마음입니다. 이 '유연한 강함'이야말로 오늘날의 아이들에게 중요하다고 생각합니다. 어지러울 정도로 빠르게 변화하는 이 시대에는 예기치 못한 일이 허다하게 일어납니다. 그럴 때는 무슨 일이 있어도 꿈쩍도 하지 않는 강함보다, 쓰라린 경험으로 인해 낙심하더라도 마음을 원상회복할수 있는 '유연한 강함'을 기르는 것이 중요합니다.

마음이 약하다고 느껴져도 전혀 문제없습니다. 오히려 타인의 고통을 이해하는 섬세함과 상냥한 마음씨를 바탕으로 '유연한 강함'을 겸비한 어른이 될 수 있는 잠재력이 있는 것이라고 생각해 주세요.

마음을 키우는 것은 근육 운동과 같습니다. 부모 등 어른의 도움을 받으며 지속적으로 조금씩 훈련하면 성공적으로 시련을 뛰어넘을 수 있는 '유연한 강함'을 차츰 기를 수 있습니다.

급증하는
아이들 세계의 스트레스

소셜네트워크서비스^{SNS: Social Network Service} 인터넷 커뮤니티,
괴롭힘, 시험, 학교와 가정에서의 미묘한 인간관계…….
요즘 아이들은 이전에 없었던
갖가지 스트레스에 노출되어 있습니다.
그 결과, 전 세계적으로 아이들의 우울증과 자살이 늘고 있습니다.
이런 스트레스가 가득한 사회 속에서 아이들을 지킬 수 있는 것은
학력도, 경제력도 아닙니다.
역경과 변화를 뛰어넘을 수 있는 '유연한 강함'은 생존을 위한
힘입니다.

모든 역경으로부터 아이들을 지키는 것

현대 아이들은 1세기 전에 비해 큰 변화와 다양한 스트레스를
매일 경험하며 더 복잡한 감정 속에서 살아가고 있습니다.

요즘 아이들은 자연재해, 신종 코로나바이러스로 인한 감염

병 대유행 등 사회적인 큰 사건뿐 아니라, 소셜네트워크서비스(SNS), 커뮤니티에서의 갈등, 진학, 인간관계, 건강 상태 변화, 일상생활 속에서 짜증을 유발하는 사건 등에 많은 스트레스를 느낍니다.

몇몇 조사에서 학생들의 등교 거부와 괴롭힘이 매년 증가 추세를 나타내고 있습니다. 등교 거부와 괴롭힘은 중학생에게서, 은둔형 외톨이는 청년기 전반에 걸쳐 증가하는 등, 학창 시절의 부정적인 경험이 그 후 성인기의 사회 적응에도 영향을 준다는 사실이 지적되었습니다. 등교 거부에서 은둔형 외톨이로 이행하는 사례도 적지 않습니다.

또 여러 선진국에서 해결해야 할 공통된 심각한 과제로 우울증의 저연령화를 들 수 있습니다. 아동기의 우울증은 다른 사람에 대한 공격성으로 나타난다는 보고도 있습니다. 게다가 우울증 증상에는 '죽고 싶은 심정(자살 생각 Suicidal Ideation)'도 있어서 자살과의 연관성도 높은 것으로 알려져 있습니다. 이런 현상으로 미루어, 현대 사회는 특히 아이들이 살아가기에는 힘들다고 해석해 볼 수도 있습니다.

'괴롭힘당하면 안 되는데.'
'등교 거부는 하지 않으면 좋겠다.'
'마음의 병을 앓는 일 없이 건강하게 자라야 할 텐데……'

부모라면 누구나 간절하게 바랄 것입니다. 그러나 아이들이 이렇게나 다양한 스트레스 속에 있는 이상, 한 번도 시련과 좌절에 부딪히지 않고 살아가기란 거의 불가능합니다.

그렇기에 더더욱 현대 아이들에게는 학력뿐만 아니라 시련과 변화를 뛰어넘을 수 있는 '살아가는 힘'을 기르는 것이 꼭 필요합니다.

회복력으로 대표되는 '살아가는 힘'은 신뢰할 수 있는 어른의 수용과 지원이 있으면 얼마든지 기를 수 있습니다.

세계적으로 확산하는
'아이의 마음을 지키는 교육'

현대의 각종 스트레스에 노출된 우리 아이들.
지금 전 세계에서 아이들의 마음을 지키고자 하는 움직임이
일고 있습니다.
유럽과 아시아의 여러 국가에서 학력뿐만 아니라
'유연한 강함'이야말로 필수 능력이라고 인식하면서
회복력 교육이 확산되고 있는 것입니다.

세계 각국의 명문고에서 '아이들의 마음을 지키는 교육' 실시

여태까지 없었던 스트레스 때문에 아이들의 마음이 위험에 노출되어 있습니다.

영국의 5~16세 아동·청소년 중에서 정신질환을 앓는 아이가 6명 중 1명(2020년 조사)이라고 합니다. 또 14세 여자아이 4명 중 1명이 자해 경험이 있다는 보고도 있습니다. 이에 영국 정부는 거

액의 예산을 아동·청소년 정신 건강에 편성했습니다.

싱가포르에서도 18세 이하 아동·청소년의 18%가 마음의 병을 앓은 경험이 있다고 보고되었습니다(2018년 조사). 게다가 매년 증가 추세를 보인다고 합니다.

그래서 세계 각국이 아이들의 마음을 지키기 위한 대책을 마련하기 시작했습니다. 조속히 시행할 필요가 있다고 판단해 그 대응 속도가 매년 빨라지고 있습니다.

아이들의 마음을 지키기 위한 대책의 큰 기둥 중 하나가 회복력이라는 개념입니다.

미국, 호주, 영국, 싱가포르, 인도, 중국 등 다양한 나라에서 회복력을 키우기 위한 교육과 연구가 진행되고 있습니다. 2014년에 싱가포르의 한 명문고에 방문했는데, 그곳에서는 학생 정신 건강 향상을 위해 학교 차원에서 회복력 교육을 시행하고 있었습니다.

저 역시 아동부터 청소년을 대상으로 하는 회복력 교육프로그램을 연구·실천하고 있습니다. 제가 대표로 있는 '긍정교육협회'에서는 일반 학교, 적응 지도 교실(교육지원센터라고도 하며 등교 거부 학생 지도와 학교생활 복귀 지원을 목표로 해당 아동의 재학 학교와 연계하여 개별 상담, 교과 지도, 집단생활 지도 등을 시행함-옮긴이), 방과후교실 등에서 회복력 교육프로그램을 시행하며 각기 다른 형편에 처한, 다양한 특성의 아이들의 회복력을 키우려 노력하고 있습니다.

그 결과 아이들에게 여러 가지 긍정적인 변화가 나타나고 있습
니다. 이에 관해서는 앞으로 자세히 말씀 나누겠습니다.

부모의 말이
아이의 마음을 지키는 백신이 된다

부모가 하는 말이 아이의 마음을 지키는 '백신'이 됩니다.
시련과 역경에 직면했을 때,
'부모의 말'이라는 예방접종을 받았는가, 그렇지 않은가 하는 것이
아이 마음의 향방을 크게 좌우합니다.

부모의 말이 아이의 마음을
스트레스와 우울증으로부터 지킨다

각국의 교육 현장에서는 회복력을 키워 우울증 등의 정신질환
을 예방하고자 하는 시도가 널리 퍼지고 있습니다. 그 과정에서
아이들의 회복력을 키우면 시련과 역경에 맞서는 마음의 면역력
을 높이는 예방접종과 같은 효과를 얻을 수 있다는 것이 밝혀졌습
니다.

미국심리학회 전임 회장이자 긍정심리학 창립자 중 한 명인 마

틴 셀리그먼^{Martin Seligman} 박사는 아이들이 우울증을 예방할 수 있도록 모든 일의 좋은 면을 받아들이는 힘을 기르고 타인과 관계 맺는 방법을 익힐 수 있는 교육프로그램을 개발해 '마음의 백신'이라는 이름을 붙였습니다. 그 이름대로 프로그램 종료 후에도 장기적으로 효과가 지속했다는 보고가 이어지고 있습니다. 회복력을 키우는 것은 그야말로 마음에 예방주사를 맞는 것입니다.

셀리그먼 박사는 무기력감의 원인과 치료, 예방에 관해 연구한 심리학 박사이기도 합니다. '스스로 통제할 수 없는 일이 반복하여 일어나면 아무것도 하지 않고 지레 포기해 버리는' 현상이 일어나는 것을 연구했습니다. 그 연구를 통해 '통제할 수 없는 상황이나 사건 자체가 문제가 아니라, 자신의 힘으로는 그것을 도저히 변화시킬 수 없는 경험을 반복하다 보면 해결하려는 행동 자체를 하지 않게 된다'는 것을 알게 되었습니다. 이것이 '학습된 무기력'이라는 개념입니다.

이 학습된 무기력이 우울증과 비슷하다는 점에서, 무기력감을 줄이는 방법을 발견하여 우울증 치료에 도움을 주고자 했습니다. 그래서 정신질환 예방을 목적으로 하는 아동 교육프로그램이 시작되었습니다. 그 후 다양한 회복력 교육이 세계적으로 시행되었습니다.

대다수는 학교에서 시행되는 프로그램으로 정착되었지만, 이 책에서는 가정에서 '말'의 형태로 회복력을 기를 수 있는 구체적인 방법을 소개하고자 합니다. 아이에게 가장 가까운 존재인 부모나 양육자가 건네는 말은 가장 강력한 '마음의 예방접종'이 되기 때문입니다.

마음의 힘을 길러 주는 '부모의 말'로 아이는 이렇게 변한다

아이의 마음을 지키는 회복력을 키우는 열쇠는
부모가 날마다 건네는 '말'입니다.
회복력을 기르면 마음의 힘이 강해질 뿐만 아니라
인생을 행복하게 가꾸는 데 필요한
다양한 능력도 싹틉니다.

강인한 마음뿐만 아니라 다양한 능력을 꽃피우는 '부모의 말'

회복력은 개인의 내적 요인(마음의 힘)과 보살피는 사람, 그리고 환경(환경요인)이 상호작용함으로써 키워집니다. '개인의 내적 요인'은 사회와 관계 맺는 능력과 낙관성, 자기 효능감(자신이 적절하게 행동할 수 있다고 믿는 감정), 자기 긍정감(자신을 긍정하는 감정), 공감 능력 등 아이들의 내면에서 길러지는 마음의 힘입니다. 한편, '환경요인'은 가정환경, 부모와 자녀의 관계, 가정 내 규율과

학교 등 가정 외에서의 정서적 지원처럼 외적으로 보이는 요인입니다. 양쪽의 요인을 함께 키워 나가는 것이 대단히 중요합니다.

긍정교육협회에서 제공하는 '회복력 교육프로그램'은 일로나 보니웰 박사가 개발하여 효과가 입증된 'SPARK 회복력 프로그램SPARK Resilience Programme'을 국내 현장 상황에 적합한 형태로 변형한 것입니다. 이 프로그램은 수많은 교육 현장에서 시행되어 효과가 확인되었는데, 구체적으로 참여자들의 다음과 같은 능력이 향상하였습니다.

① 자기 감정을 이해할 수 있게 된다.
② 회복이 빨라진다.
③ 사고가 유연해진다.
④ 의사소통 능력이 향상한다.
⑤ 새로운 환경과 인간관계에 대한 대응력이 향상한다.
⑥ 감정 통제가 가능해진다.
⑦ 새로운 것에 도전할 의지가 생긴다.
⑧ 자기다움을 소중히 여기게 된다.
⑨ 좋은 인간관계를 쌓아갈 수 있다.

이 책에서 제시하는 대화법은 부모와 자녀 간 의사소통의 질을 높이고, 자녀가 스스로 회복력의 내적 요인을 기르고, 더 나아가 이 9가지 능력을 꽃피울 수 있도록 고심 끝에 얻어낸 결과물입니다.

예민한 아이는
회복력도 쑥쑥 자란다

남들보다 갑절이나 민감한 성격은 오히려 큰 무기가 됩니다.
사소한 말에도 민감하게 반응한다는 것은
'좋은 말'도 민감하게 받아들이고
큰 영향을 받는다는 뜻입니다.
실제로 회복력 교육 현장에서 보면 민감하고 섬세한 기질이
회복력 육성에 좋은 영향을 줍니다.

민감한 아이의 회복력은 '좋은 말'과 '좋은 환경'을 통해 자란다
:

언뜻 보면 부정적인 특성으로 여겨지는 마음의 연약함은 그 아이가 가진 특성의 이면이라고 앞서 말씀드렸습니다. 이에 더해 '상처받기 쉬운' 섬세한 기질이 회복력을 키우는 데 바람직한 영향을 줄 수 있다는 것이 긍정교육협회의 연구에서 밝혀지기도 했습니다.

이 책에서 제시하는 대화법의 기반이 되는 회복력 교육프로그

램을 고교생 대상으로 시행한 결과, 다른 또래보다 훨씬 민감한 기질을 가진 학생들HSC: Highly Sensitive Child은 회복력 교육 시행 후, 우울한 성향은 감소하고 자존감은 크게 상승한 것으로 나타났습니다. 이 아이들 특유의 민감함이 회복력 교육을 수용하고 성찰하는 데 긍정적으로 작용한 것으로 보입니다.

매우 민감한 기질의 아이들은 사소한 변화, 소리, 타인의 기분에도 대단히 예민하게 반응합니다. 감수성이 그처럼 예민하기 때문에 쉽게 상처받고 다양한 스트레스를 떠안는 경향이 있습니다. 다른 사람은 신경도 쓰지 않을 일까지 민감하게 느끼므로 평소 생활에서는 심신이 피로해지기 쉽고 어려움을 느끼는 경우도 잦을 것입니다.

그러나 반대로 말하면 매우 민감한 기질의 아이들은 주위 어른의 말과 행동, 환경에 크게 영향을 받는 특성을 갖추고 있는 것입니다. 어른이 공감해 주고 좋은 말을 해 주며 아이다움을 발휘할 수 있는 환경을 만들어 주는 등 주도적인 노력을 하면, 거기에 강하게 영향을 받아 자신의 내면에 충분히 흡수하며 그것을 도약의 발판으로 삼아 긍정적인 방향으로 쭉 뻗어나갈 수 있습니다.

앞에서 '우리 아이는 마음이 너무 약한 게 아닐까' 하고 걱정하지 않아도 된다고 말씀드린 것은 이 같은 이유 때문입니다. 오히려 섬세한 기질을 가진 아이는 주위의 좋은 영향을 수용하고, 살아가는 힘을 크게 키워 발휘할 수 있습니다.

'강인한 마음'은 학습의 토대이자
사회적 성공의 다리가 된다

회복력 교육을 받은 아이들은 학력이 향상되고
사회에 나가서도 훌륭하게 활약한다는 연구 결과가
속속 보고되고 있습니다.
어려운 문제도 포기하지 않고 끈기 있게 풀어낼 수 있는 능력,
다양한 사람과 관계를 맺는 힘, 실패해도 다시 일어서는 힘.
공부에도 일에도 강인한 마음의 유무가 큰 영향을 줍니다.

'마음의 힘을 강하게 하는 대화법'으로 아이의 성적이 오르고,
장차 사회에서도 성공을 거둔다

최근 회복력을 비롯한 '비인지 능력(스킬)'이 주목받고 있습니다. 비인지 능력은 성적으로 측정할 수 있는 학습 같은 인지 능력과 달리, 눈에 보이는 형태로는 측정할 수 없는 마음의 힘을 가리킵니다. 세계 38개국이 가입한 OECD(경제협력개발기구)에서는 이

를 '사회·정서적 능력$^{Social and Emotional Skills}$'이라고 부르기도 합니다.

제가 시행하고 있는 긍정교육도 비인지 능력을 키우기 위한 것입니다. 아이들이 마음의 힘을 키움으로써 행복하고 굳세게 살아가는 힘도 기를 수 있도록 하기 위해 활동 중입니다. 구체적으로는 긍정심리학의 이론적 틀을 기반으로 하는 회복력뿐만 아니라 아이들 각자의 강점, 원만한 인간관계, 의욕 등을 살려 웰빙(행복감)으로 이어지는 힘을 키우는 데 중점을 두고 있습니다.

이런 비인지 능력은 왜 중요할까요?

학력의 토대가 되기 때문입니다. 비인지 능력은 '배움으로 이끄는 힘'이라고도 하는데, 호기심·협조성·자기 통제력·자기 주장·끈기 등의 능력을 키우면 학습에도 긍정적인 영향을 미칩니다. 아이들이 주도적으로 공부하는 '액티브 러닝(Active learning: 학습자가 능동적으로 자신의 학습을 설계하고 참여한다는 개념. 일본에서는 2014년부터 급속도로 확산되었으며 이후, '주도적·대화 중심의 깊은 배움'이라는 용어로 바뀜-옮긴이)'이 도입된 지 수년이 지났습니다. 암기 위주 교육에서 탈피하여 스스로 탐구하고 답을 끌어내는 능력이 필요합니다.

실제로 미국의 한 연구에서는 마음 교육을 시행하자 아이들의 학습 의욕이 높아지고 성적이 올라갔다는 보고가 있습니다. 어렵거나 잘 모르는 문제가 나와도 포기하지 않고 끈기 있게 도전하는 마음의 힘 덕분에 이런 결과가 나오지 않았을까 생각합니다.

또 회복력과 행복감이 높은 아이는 신체가 건강하고 스트레스 대응력이 뛰어나며 사회적으로 책임이 큰 위치에 이르는 경향이 있다는 연구 보고도 있습니다.

부모의 말이 장기간에 걸쳐 아이의 마음을 지켜주는 백신이 된다고 앞에서도 말씀드렸습니다. 아이의 생애에 걸쳐 부모가 건네는 말이 인생을 환하게 비춰 주고, 역경에 직면했을 때 격려가 되어 끊임없이 좋은 영향을 미치는 것입니다.

예방뿐만 아니라 '육성'의 관점도 중요하다

영국의 경제학자 리처드 레이어드Richard Layard를 비롯한 연구진
은 성인기 이후의 인생 만족도는 유소년기의 학업 성적이나 생활
태도가 아니라 '정신 건강'에 크게 영향을 받는다는 연구 결과를
발표했습니다.

인생의 성공을 경제력으로 판단한다면 유년기부터 경제학 공
부 등 학력을 기르는 것이 중요할 것입니다. 그러나 행복한 삶을
인생의 목표로 삼는다면 아이의 감정적인 면을 잘 살피고 키워 주
는 것이야말로 큰 의미가 있음이 증명된 것입니다. '행복은 돈으
로 살 수 없다'는 말이 수긍이 가지 않나요?

그리고 정신 건강을 높이는 열쇠는 '가정과 학교에서 과학적
실증을 기반으로 하는 정신 건강 관리 프로그램을 시행하는 것'이
라는 결론에 도달하였습니다.

부모인 우리는 무의식적으로 아이의 성적을 올리려고 하거나 경제적으로 부족함 없는 직업을 갖게 해 주어야 한다는 생각을 품곤 합니다. 하지만 이 연구의 결론을 보면, 장기적으로 볼 때 그것만으로는 아이의 인생을 행복감으로 채우기 어렵다는 것을 알 수 있습니다.

그렇다면, 부모로서 자녀의 마음속 행복의 싹을 틔워 쑥쑥 자라게 하려면 어떻게 해야 할까요?

긍정교육 측면에서는 '리스크 예방'과 '긍정적인 요소 육성'이 함께 이루어져야 합니다.

리스크 예방은 회복력 교육을 시행함으로써 우울증 등 정신질환을 예방하고, 번아웃 증후군 등의 리스크를 낮추는 것을 의미합니다. 긍정적인 요소 육성은 아이의 의욕, 강점, 원만한 인간관계 구축 능력을 키워 주는 것을 의미합니다.

이 예방과 육성이 병행될 때 아이가 힘차게 살아갈 수 있는 능력도 기를 수 있습니다. 그리고 이것은 가정에서 부모가 건네는 말을 통해 실현할 수 있습니다.

제1장

효과적인 대화를 위해
부모가 명심해야 할
중요한 사실 7가지

부정적인 감정을
부인하지 말고 수용해 주자

부모라면 자녀가 항상 밝고 행복한 기분이면 좋겠다는 바람을 가질 것입니다. 그러다 보니 어느 날 아이가 슬픔과 분노의 감정을 태도와 언어로 표현하면 자신도 모르게 그것을 부인하는 말을 하거나 무조건 아이의 기분을 바꾸려고 애쓰게 됩니다. 때로는 야단을 치게 되기도 합니다.

그러나 사실은 시련과 역경에 직면하여 아이가 부정적인 감정을 품는 순간이야말로 강하고 유연한 마음을 기르는 데 중요한 분기점이 됩니다. 이때, 아이가 품고 있는 부정적인 감정을 부모로서 어떻게 받아들이고 무엇을 말해 주느냐에 따라 그 후 아이의 회복력에 큰 차이가 발생합니다.

여기서는 부모가 아이의 부정적인 감정을 어떻게 받아들이고 말해 주면 아이의 마음의 힘이 강해질 수 있는지 전달하고자 합니다.

우리는 매일 다양한 감정을 느끼며 살아가고, 감정을 느끼는 방식은 성장하면서 변화합니다. 예를 들어, 갓난아기 때는 '유쾌한가, 불쾌한가'라는 단순한 감정이 거의 전부지만, 성장하면서 점점 '기쁨', '분노', '슬픔', '두려움' 등 훨씬 복잡한 감정을 느낄 수 있게 됩니다.

그런데 부모는 아이의 이러한 '감정의 성장'을 알아차리지 못한 채 지나쳐 버리기 쉽습니다. '걸음마를 시작했다', '이름을 쓸 수 있게 되었다' 등의 성장은 금방 알아차리지만, 감정의 성장은 눈에 보이는 변화가 없는 만큼 깨닫지 못하는 경우가 많은 것입니다. 형제를 시샘하여 심술을 부렸을 때, 시샘이라는 감정을 느낄 수 있게 된 것을 부모가 기뻐하는 일은 아마도 거의 없을 것입니다. 그래서 이러한 경우에 아이의 감정이 성장하는 데 대단히 중요한 부모의 도움이 결핍되는 경우가 적지 않습니다.

아이가 앞으로 힘차게 행복한 인생을 보내게 하려면 눈에 보이는 신체나 기량의 성장뿐만 아니라 눈에 보이지 않는 마음의 힘도 키워 나갈 수 있도록 이끌어 주어야 합니다.

부정적인 감정은 소중한 것을 지키려는 마음의 작용이다

아이 마음의 힘을 키우는 데 기본이 되는 것은 '아이가 자기 자신의 감정과 친해지도록' 이끌어 주는 것입니다. 즉 '정서 지능'을 키우는 것이라고도 말할 수 있습니다. 정서 지능이란 자신과 타인의 감정을 인식·이해하고 이에 알맞게 대처하는 능력을 가리킵니다. 이 능력이 있으면, 보다 좋은 선택과 행동을 할 수 있고 양호한 인간관계를 구축할 수 있습니다. 또 이 능력은 학습에도 긍정적인 영향을 주는 것으로 밝혀졌습니다. 정서 지능은 가정과 학교에서 접하는 어른의 영향을 받습니다. 따라서 부모가 자녀의 코치가 되어 아이 자신과 타인의 감정에 관해 이야기를 주고받으면 감정과 친해지는 능력을 효과적으로 높일 수 있습니다.

"말은 쉽지만…… 구체적으로 뭘 하면 되나요?"라고 막막해하실지도 모르겠습니다. 우선 '감정'에 관한 이해를 넓혀 보겠습니다.

심리학에서는 우리 인간이 매일 느끼는 수많은 감정들을 '긍정적인 감정'과 '부정적인 감정'으로 분류할 수 있습니다. 즐거움, 기쁨 등 편안하고 유쾌한 느낌을 주는 것이 긍정적인 감정입니다. 슬픔, 불안, 짜증 등 불쾌한 느낌이 드는 것이 부정적인 감정입니다.

양쪽 감정에 좋고 나쁨이 있는 것은 아닙니다. 느꼈을 때 기분이 유쾌하냐, 불쾌하냐에 따른 분류입니다. 양쪽에 속하는 모든 감정이 각각 의미가 있고, 살아가는 데 중요하며 누구나 느끼는 것입니다.

사람들 대부분이 가능하면 경험하기보다는 멀리하고 싶어 하는 부정적인 감정에는 어떤 의미가 있을까요? 예를 들어, 혼자 밤길을 걸을 때 갑자기 등 뒤에서 바스락하는 소리가 들렸다고 합시다. 심장이 두근거리고 식은땀이 흐르면서 금세 공포감을 느끼겠지요. 그리고 등 뒤의 기척에 의식을 집중함과 동시에 위험을 피하고자 도망가려는 태세를 취하게 되겠지요. 즉 공포를 느끼기 때문에 위험한 상황에서 도망가고자 하는 시도도 할 수 있는 것입니다. 다른 부정적인 감정도 마찬가지로 의미가 있습니다. '분노'는 자신의 소중한 것이 침해당했다는 신호이며 이는 소중한 것을 지키는 행위로 이어집니다. '슬픔'은 잃은 것의 소중함을 가르쳐 주며, '침체'는 신체를 쉬게 함으로써 심신을 지킬 필요가 있다는 신호입니다.

즉 부정적인 감정은 진화론적인 생존 본능으로서 우리 자신의 생명을 지키기 위해 존재하는 것입니다. 부정적인 감정에는 이렇게 생명을 지킨다는 중요한 역할이 있기 때문에 인간은 긍정적인 감정보다 부정적인 감정을 더 잘 느끼고, 부정적인 사건이 머릿속에 더 쉽게 기억된다고 합니다. 이것을 '부정 편향Negativity Bias'이라고 합니다. 그날 있었던 불쾌한 일이 머릿속을 떠나지 않고 맴돌거나 자녀가 잘하는 일보다는 못하는 부분에 더 신경 쓰게 되는 것도 이 특성의 영향입니다.

어른으로서 우리는 아이가 부정적인 감정을 드러낼 때 긍정적인 감정으로 바꿀 수 있도록 기운을 북돋우거나 기분을 풀어 주려고 하기도 합니다. 그러나 부정적인 감정을 느낄 수 있다는 것, 그리고 때로는 부정적인 감정을 품은 상태에서도 행동하는 힘을 기르는 것은 강인한 마음을 기르는 데 반드시 필요합니다.

자녀가 부정적인 감정을 표현할 때는 무리하게 기분을 바꾸려고 하거나 판단하지 말고 우선 차분히 아이의 이야기를 들어주고, 있는 그대로의 기분을 인정하고 받아들여 주며 감정을 충분히 느낄 시간을 주세요. 그 후에 아이가 감정을 회복하고 문제를 해결해 갈 수 있도록 도와주세요.

부정적인 감정을 언어화해 주기

아이의 부정적인 감정을 수용한 후에는 어떻게 마음을 보살펴 주면 좋을까요? 바로 '아이의 감정을 언어로 표현'해 주면 됩니다.

자신의 감정을 표현하는 말을 부모에게서 들으면 그 상황으로부터 조금 거리를 둘 수 있게 되어 상황에 대한 스트레스가 경감되고 마음이 편안해지는 효과가 있습니다. 또 아이는 '부모가 내 기분을 정확히 이해하고 있다. 받아들여 주었다'라고 느끼게 되므로 상처받은 마음이 치유될 수 있습니다.

이 과정을 반복하면서 부모와 자녀 간의 유대가 깊어져 마침내 좋은 관계를 구축해 갈 수 있습니다. 어른인 우리도 불안하거나 짜증 날 때, 그 감정을 억누르지 않고 머릿속에서라도 언어화하면 기분이 진정된다는 것을 알고 있습니다.

그러면 '부정적인 감정을 수용하고 언어화하는 것'이 무엇인지 실제 사례를 들어 설명하겠습니다.

아홉 살 소녀 유미는 새 학년 학급 배정에서 가장 친한 친구와 같은 반이 되지 않아서 크게 실망하고 말았습니다. 학교에서 돌아온 유미는 풀 죽은 모습으로 말했습니다.

"제일 좋아하는 친구와 다른 반이 되었어요."

"괜찮아. 곧 다른 친구가 생길 거야. 반이 다르더라도 방과 후에는 같이 놀 수 있잖아."

어머니의 이 말에 유미의 눈에 눈물이 그렁그렁해졌습니다. 그러자 어머니는 다시 말했습니다.

"계속 울면 새로운 반에서도 친구가 안 생길 거야!"

어머니는 새로운 친구가 생길 것이라는 사실을 깨닫게 하고 격려하기 위해서 그렇게 말했을 것입니다. 물론 이런 말이 자녀가 앞으로 나아가는 데 중요한 역할을 할 수도 있기는 하지만, 이 어머니는 그 전에 가장 중요한 것을 놓쳐 버렸습니다.

바로 아이의 감정에 관심을 가지고 그것을 받아들이는 일입니다. 그리고 '아이의 부정적인 감정을 언어로 표현해 주는 것'이지요. 이런 과정은 아이의 마음을 편하게 진정시켜 줄 뿐 아니라, 아이가 그 상황을 극복하는 데 꼭 필요합니다.

예를 들어 어머니가 안타까워하는 표정으로 "서운하겠다. 제일 친한 친구잖아. 같은 반이 되지 않아 실망했겠다"라든지 "다른 반이 되어 슬프고 허전하겠구나" 등의 말을 해주었다면 유미는 자신의 감정을 이해받았다고 느꼈을 것입니다. 한 발짝 더 나아가

"이제까지와 다른 변화가 생기면 무섭기도 하고 불안하기도 하지"라고 직면한 일의 의미를 언어화해 주면 아이는 마음을 정리할 수 있습니다. 그러면 비로소 사건으로 인한 스트레스가 감소하고 긍정적인 시각을 가질 수 있게 되는 것입니다.

곧바로 앞을 바라보도록 격려하기보다는 우선 현재 느끼는 감정을 받아들여 주고 언어로 표현해 주는 것이 아이가 다시 일어서는 힘을 발휘할 수 있는 지름길입니다. 아이가 느끼는 심리적 고통이 존재한다는 것을 인정하고 거기에 '공감의 언어'로 생명을 불어넣어 주면 마음의 괴로움이 덜어집니다.

현재 느끼는 감정을 언어로 표현하는 것을 '감정 라벨링Affect Labeling'이라고 합니다. 로스앤젤레스 캘리포니아대학교UCLA의 매튜 리버만Matthew Lieberman 교수팀의 연구에서 '자신의 감정을 언어로 표현하는 것이 불쾌한 사건에 관한 부정적인 감정과 스트레스를 완화하는 데 효과가 있다'는 것이 밝혀졌습니다.

분노 감정을 폭발시키며 난폭하게 굴거나 오열하는 등의 문제 행동은 감정 라벨링이 적절하게 이루어지지 않아서 발생했을 가능성도 있습니다. 자신의 감정을 스스로 언어화할 수 있으면 감정 통제가 알맞게 이루어질 수 있습니다.

또 어른이 다양한 상황과 감정을 표현하는 언어를 사용함으로써 아이들이 자신의 감정을 깨닫는 힘을 길러 줄 수 있습니다. 예를 들어 "엄마는 지금 찾는 물건이 보이지 않아서 답답하네" 또는 "아빠는 제일 좋아하는 야구팀이 경기에서 져서 분하구나" 등 일상생활 속에서 감정을 표현하는 말을 사용해 봅시다. 자기가 어떤 상황에서 어떤 감정을 느끼는지 깨달으면서 비로소 자신의 마음을 알아갈 수 있습니다.

이때 주의할 점은 '기분이 좋다' 혹은 '기분이 정말 나쁘다' 등, '좋다, 나쁘다'라는 표현을 사용하지 않아야 한다는 것입니다. '다양한 감정을 느끼는 것은 바람직한 일'이라는 메시지를 전달하는 데 아이들에게 혼란을 일으킬 가능성이 있기 때문입니다. 아이들은 '부정적인 감정은 나쁜 것이고 나쁜 감정을 느끼는 나는 못된 아이다'라는 생각에 빠지기 쉽습니다. 평소 대화 속에서도 '좋다, 나쁘다'는 표현을 사용하지 말고 감정 자체에 관해 표현하도록 합시다.

자신의 감정을 해석할 수 있게 되면 타인의 감정도 헤아릴 수 있게 됩니다. '오빠가 오늘 온종일 고개를 푹 숙이고 말을 하지 않네. 기분이 우울한 걸까?' 하는 식으로 타인의 감정을 추측할 수 있게 되는 것이지요. 타인의 감정을 이해할 수 있는 능력이 높아지면 상대에게 전달하는 언어의 선택은 물론 행동도 바뀝니다. 이 것은 사회 속에서 의사소통하는 데도 큰 영향을 줍니다.

감정을 표현하는 언어를 풍부하게 준비해 두기

.
.

아이들은 날마다 어른이 상상하는 것보다 더 다양한 감정을 경험합니다. 그 사실을 제 딸이 네 살 때 깨달았지요. 어느 날, 딸아이의 친구가 놀러 오기로 했다가 갑작스럽게 집안 사정으로 못 오게 되었습니다. 저는 딸아이에게 물었습니다.

"친구랑 못 놀게 돼서 슬프겠다, 그렇지?"

그런데 딸아이는 선뜻 수긍하지 않고 뭔가 다른 단어를 찾으려는 듯한 눈치였습니다. 그래서 저는 좀 더 생각한 후 다시 물었습니다.

"슬픈 건 아니고, 실망한 걸까?"

그랬더니 고개를 크게 끄덕이는 것이었습니다.

"응!"

그 당시 저는 딸아이가 아직 어리다는 이유로 단순하고 이해하기 쉽도록 '슬프겠다'라는 표현을 자주 사용했는데 '실망'이라는 말이 가진 뉘앙스와 의미를 어느새 이해하고 있는 것을 보고 무척 놀랐습니다.

아이는 감정을 정확히 나타내는 말에 크게 반응합니다. 그러므로 아이의 감정을 언어화하여 '감정 라벨링'을 할 때 어른들이 가능한 한 실제 상태에 근거하여 아이 마음을 있는 그대로 표현하여 말해 주는 것이 바람직합니다. 동시에 아이가 느끼는 감정은 아이 자신의 것이므로 설령 부모라고 하더라도 완전히 똑같은 감정을 느끼는 것은 아니라는 사실을 명심해야 합니다.

저와 딸의 예처럼 "이런 감정일까?" 하고 탐색하거나 아래와 같은 표를 보여주며 어떤 감정인지 골라보라고 하는 것도 좋습니다. 아이의 감정을 표현할 수 있는 말을 가능한 한 많이 준비하는 것이 중요합니다. 그리고 감정을 수용해 주면서도 과도한 감정이입은 삼가고, 아이의 감정을 반영하는 거울이 되어 주는 것이 좋습니다.

부정적인 감정과 긍정적인 감정을 표현하는 말

안심된다	밉다	무섭다	기쁘다
화난다	분하다	어떡하지? (망설여진다)	두근두근하다 (설렌다)
부끄럽다/ 창피하다	부럽다	슬프다	재미있다
실망했다	짜증이 난다	외롭다	깜짝 놀랐다

감정은 신체 상태로 나타난다

.
.

아이들은 '가슴이 갑갑하고 메슥메슥하다'라는 식으로 신체 감각을 통해 감정을 받아들입니다. 신체 감각으로 받아들인 감정을 언어로 표현하는 연습을 하는 과정에 있는 것이지요. 갓난아기는 울거나 몸을 버둥거려서 불쾌함을 주위 사람에게 전달합니다. 그 비언어적 표현을 보고 어른은 아이에게 무슨 일이 일어났는지 추측합니다.

핀란드 알토 대학교의 라우리 누멘마Lauri Nummenmaa 박사 연구팀의 '감정 상태에 따른 인체 지도'에 관한 연구에서 감정과 신체 반응이 밀접한 관계가 있다는 사실이 밝혀졌습니다. 특정 감정을 느낄 때 어떤 신체 반응이 일어나는지 조사한 결과, 분노를 느낄 때는 가슴 윗부분에서 반응이 일어남과 동시에 손에서도 강한 반응이 관찰되었습니다. 또 슬픔을 느낄 때는 가슴이 강하게 반응하지만 신체의 다른 부분에는 힘이 들어가지 않는 상태를 보였습니다. 감정 변화로 인해 신체와 표정에도 뚜렷한 변화가 나타난다는 것이 이 연구를 통해 과학적으로 증명되었습니다.

아이가 말로는 "아무것도 아니야"라고 하면서 몸으로는 어깨를 축 늘어뜨리고 슬픔을 표현할 때도 있습니다. 이처럼 감정을 언어로 표현하지 못할 때도 있으므로 신체 변화 상태를 언어로 표현할 수 있도록 물어보는 것도 도움이 됩니다. 마음과 몸의 변화를 깨달을 수 있도록 "어디 아픈 데는 없니?", "근육이 뭉친 곳은 없니?", "답답하거나 울렁거리지 않니?" 등 질문을 던지고 보살펴 주세요.

때로는 아이의 감정을 언어화하는 것이 어려울 수도 있습니다. 아이들은 정말로 하고 싶은 말을 어른이 알아듣기 어려운 형태로 전달할 때가 종종 있기 때문입니다.

예를 들어 다음과 같은 사례가 있습니다. 초등학교 1학년 준이라는 소년은 동생이 태어나면서부터 "형이니까……"라는 말을 듣는 일이 많아졌습니다. 어느 날, 준이는 작정했다는 듯 아빠에게 따졌습니다.

"왜 맨날 아빠는 동생하고만 놀아?"

아빠가 대답했습니다.

"아빠가? 아닌데. 요전에 우리 둘이서 놀이터에 갔잖아. 준이랑도 동생하고 비슷하게 놀고 있는데."

그러자 준이는 화를 벌컥 내면서 외쳤습니다.

"아빠 미워!"

그러고는 방안에 틀어박혀서 나오지 않았습니다.

준이는 이유를 알고 싶었던 것이 아니라 실은 서운한 마음을 이해받고 싶었던 것입니다. 외로움과 질투의 감정을 분노라는 형태로 아빠에게 터뜨렸습니다. 분노라는 감정의 이면에는 슬픔과 불안 등 다른 감정이 숨어 있는 경우가 많아서 그것을 정확히 파악하기가 쉽지 않습니다. 이 사례처럼 감정을 수용해 주지 않는 말로 인해 아이의 마음이 멀어지기도 합니다.

다행히 아빠는 '서운한 감정을 이해해 주길 바란 건지도 몰라'라고 생각을 바꾸고 다시 차분히 말했습니다.

"아빠가 동생하고만 놀고 준이랑 노는 시간이 없다고 느꼈구나. 동생이 생기고 나서 아빠를 빼앗긴 것 같아서 쓸쓸하기도 하고, 아빠가 준이한테는 신경 쓰지 않는 것처럼 느껴졌어?"

이렇게 준이가 느낄 법한 감정을 언어로 표현하여 말해 주었습니다. 그 덕분에 얼마 지나지 않아 준이는 기분을 풀고 남동생, 아빠와 함께 놀기 시작했습니다.

어른인 우리가 아이가 한 말을 그대로 수용해 줄 뿐만 아니라 그 말의 원천이 되는 감정을 탐색하고 그것을 언어화하여 말해 주는 것은 대단히 중요합니다. 특히 아이의 분노의 기저에는 슬픔, 외로움, 상처받은 마음이 있고 그것이 원인이 되어 분노를 분출하게 되기도 하므로 주의해 주세요.

그리고 이 사례에서 또 한 가지 중요한 사실이 있습니다. 바로 '사람은 누구나 상반된 감정을 느낄 수 있다'라는 것을 아이에게 알려 주는 것입니다. "동생이 좋긴 하지만 때때로 밉기도 하고 부러운 마음이 들 수도 있어. 그래서 혼란스러웠던 것인지도 몰라"

라고 말해 줍시다. 혼란스러운 감정을 인정해 주는 것이 중요합니다.

형제가 있는 아이들은 부모의 관심과 애정을 나누어야 한다고 느끼는 경우가 있는데, 사실 이것은 복잡한 감정입니다. 어릴 때부터 우리는 무언가를 함께 나누는 것에 부모와 교사에게서 "혼자 먹지 말고 똑같이 나눠 먹어라", "장난감은 양보하면서 사이좋게 가지고 놀아라"와 같은 식의 도덕적인 행동 규범으로 배우는 것이 일반적입니다. 그러다 보니 타인과 나누거나 공유하는 것에 양극단의 강한 감정을 품게 되고, 이런 양극단의 감정은 인생에 부정적인 영향을 미치기도 합니다.

그러므로 무언가를 나눌 때 느끼는 불쾌한 감정은 나눔으로써 얻을 수 있는 큰 기쁨 뒤에 함께 따라올 수도 있는 감정이라고 설명해 주면 아이들이 좀 더 쉽게 수긍할 수 있을 것입니다. 누군가에게 자신의 감정을 털어놓거나 자기에게 일어난 일을 이야기하면 듣는 사람과의 관계를 돈독하게 만들 수 있다는 것도 함께 알려줍시다.

부정적인 감정에서 벗어나는 데
도움이 되는 방법을 알아두자

부정적인 감정은 자기를 지키는 데 필요하지만, 장기간 부정적인 감정에서 빠져나오지 못하거나 스트레스가 쌓이면 뇌와 몸을 흥분시키는 교감신경이 활성화된 상태가 계속되므로 장차 문제 행동이 발생하거나 심신의 건강을 해치게 될 가능성도 있습니다. 그러니 되도록 빨리 스트레스를 느끼는 상황에서 벗어나게 해주어야 합니다.

우선 부정적인 감정이 일으키는 뇌의 흥분 상태에 관해 알아둡시다. 부정적인 감정 반응(특히 불안과 분노)은 뇌의 '편도체' 작용과 관련이 있습니다. 편도체는 '뇌의 문지기'라고도 불리는데 위험에 즉시 대응할 수 있도록 항상 엄중한 경계 태세를 취하고 있습니다.

이 편도체가 부정적인 감정에 반응하여 부신에서 아드레날린과 코르티솔 등 스트레스 호르몬을 분비하도록 명령을 보냅니다. 그러면 심박수와 혈압이 상승하여 몸은 긴장 상태가 되고 이른바 '투쟁, 도피 혹은 경직 fight, flight or freeze'이라는 반응을 하여 자기를 지키려고 합니다.

다음으로 분노 감정으로 인해 아이가 어떤 반응을 일으키는지,

어떻게 진정시킬 수 있는지 흔히 볼 수 있는 상황으로 살펴봅시다.

8세 소녀 지나는 예쁜 조개껍데기를 선반에 늘어놓고 바라보는 것을 무척 좋아합니다. 어느 날, 네 살 남동생이 지나의 수집품 중 하나였던 푸른색의 희귀한 조개껍데기를 멋대로 가져가 버렸습니다. 지나가 울부짖으며 남동생을 뒤쫓아가자 남동생은 휙 하고 조개껍데기를 누나 쪽으로 던졌습니다. 그러자 지나는 얼굴이 새빨개져서 남동생에게 고함을 쳤습니다.

"왜 이런 짓을 하는 거야!"

동시에 남동생을 때리려고 했습니다.

이런 형제간 다툼은 일상다반사이긴 하지만, 부모로서는 이 상황에서 가만히 있을 수만은 없습니다. 양쪽의 주장을 들어보고 싶지만 일단은 지나의 과열된 감정을 식히는 것이 우선입니다. 분노를 주체하지 못하는 상태에서는 말을 제대로 하거나 들을 리 만무합니다.

또 모든 감정이 중요한 것은 맞지만 자신과 타인에게 상처를 줄 수 있는 행동은 허용되지 않는다는 사실을 알려 줄 필요도 있습니다.

우선은 스트레스 반응을 일으키는 아이의 뇌를 진정시키기 위해 손을 꼭 잡고 이렇게 말할 수 있을 것입니다.

"동생이 소중한 것을 가져가 버려서 화가 나지? 그 화를 후우, 하고 내보내 보자!"

그리고 함께 크게 숨을 내쉬고 들이마시며 심호흡하는 것이 좋습니다. 신체적으로 접근하면 서서히 마음도 진정됩니다. "소중한 물건을 빼앗기면 당연히 화가 나지"라고 공감을 표시하되, 때리는 방법 이외에 남동생에게 감정을 전달할 수 있는 방법은 없을지 함께 생각해 주세요. 심호흡은 뇌의 흥분 상태를 가라앉히는 데 도움이 되는 방법 중 하나입니다. 우선은 천천히 숨을 토해내는 데 집중합니다. 그러면 자연스럽게 공기를 충분히 들이마실 수 있습니다.

동시에 남동생에게도 어떤 행동이 누나의 기분을 상하게 했는지 말해 줍시다. 자신이 좋지 않은 일을 했다는 것을 깨닫고 사과를 하고, 이 과정에서 원만한 인간관계를 형성하는 방법을 배울 수 있습니다.

흥분을 진정시키는 '숫자 세기'

이 사례처럼 아이가 부정적인 감정에 압도되어 극도의 흥분 상태에 빠졌을 때는 심호흡과 동시에 천천히 수를 세는 '숫자 세기'도 효과적입니다. 저는 집에서 일부러 스페인어로 1부터 10까지 천천히 숫자를 세는 방법을 사용하고 있습니다. 모국어처럼 입에서 술술 나오지 않으므로 필연적으로 천천히 숫자를 세게 되어 감정을 식히는 데 도움이 됩니다.

또 아이의 뇌가 전투 태세가 되었을 때 몸에 접촉하는 것이 도움이 되는 경우와 도움이 되지 않는 경우가 있습니다. 도움이 되는 때는 꼭 껴안거나 등을 쓰다듬어 줍니다. '안전해, 괜찮아'라는 메시지를 신체에 보내는 것입니다.

한편으로 접촉을 싫어할 때도 있습니다. 이것 역시 당연한 반응인데, 신체는 '투쟁, 도피 혹은 경직' 상태가 되어 있으므로 아무리 부모라고 해도 순간적으로 '적이다!'라고 느끼고 접촉 자체를 위험으로 판단할 수도 있기 때문입니다. 그런 경우에는 곁에서 지켜보며 아이에게 적합한 진정 방법을 함께 시도해 보면 좋을 것입니다.

아이가 흥분했을 때는……

"하나, 두울, 세엣……." 숨을 천천히 내뱉으면서 1부터 10까지 숫자를 셉니다.

손을 꼭 잡거나 껴안아 주고 등을 쓰다듬어 주며 "OO해서 화가 났지?"라고 이해를 표현하며 "후~ 하고 숨을 내쉬어 보자"라고 권유합니다. 신체 접촉을 싫어할 때는 곁에서 지켜봅니다.

부정적인 감정이 머리에서 떠나지 않는 상태

앞서 살펴본 남매간 다툼처럼 폭발적으로 끓어오르는 '분노'라든지 매일 누적되는 스트레스로 인한 초조함과 답답함 등 부정적인 감정에 빠지게 되는 경우가 종종 있을 것입니다. 그 원인이 되는 문제를 즉시 해결할 수 있다면 마음의 건강에 유익하겠지만, 인생에는 곧바로 해결할 수 없는 일이나 자기 힘으로는 도저히 어떻게 할 수 없는 일도 있습니다. 그러면 그런 사건에 계속 골몰하게 되면서 부정적인 감정과 생각에서 좀처럼 헤어나지 못할 때가 있습니다.

이 상태를 '반추'라고 부릅니다. 불쾌한 사건이 눈앞에서 실제 일어나고 있는 것도 아닌데 머릿속에서는 그 사건이 일어날 때처럼 끊임없이 그 생각에만 잠겨 있게 되고, 심신에 스트레스를 유발하는 상태에서 헤어나올 수가 없어 스트레스 해소와는 점점 멀어집니다. 이 반추 상태로 인해 우울증에 빠질 위험과 자기 비판적 경향이 높아진다는 보고가 있습니다.

그러므로 아이가 반추 상태에 빠져 있을 때는 되도록 빨리 그 사실을 스스로 알아차리고 그 상태에서 벗어날 수 있도록 도와주는 것이 중요합니다.

무슨 일이 있었는지는 모르지만, 왠지 아이가 짜증을 낼 때 "왜 그래? 무슨 일 있었어?"라는 식으로 꼬치꼬치 캐묻지 말고 우선은 부정적인 반추(여기에서는 '부정의 늪'으로 표현하겠습니다)에서 빠져나올 수 있도록 도와주는 것이 좋겠습니다.

그럼 '부정의 늪'에서 탈출하는 법을 소개하겠습니다.

부정의 늪에서 탈출하는 법

.
.

① 천천히 심호흡하기

심호흡은 부정적인 감정에서 빠져나오는 데 큰 도움이 됩니다. 특히 뱃속에 공기를 채우고 천천히 숨을 내뱉은 후 다시 뱃속으로 천천히 공기를 들이마시는 복식호흡이 효과적입니다. 소개한 바와 같이 감정에 압도당했을 때 심호흡은 즉효가 있습니다. 아이가 넘어져서 울고 있을 때 "울면 점점 더 아프게 느껴진대. 숨을 크게 쉬어 보자. 후우~" 하고 함께 심호흡하면 아이들은 대부분 마음이 진정됩니다. 필요한 순간에 적절하게 심호흡을 할 수 있도록 평소 즐거운 시간에 미리 연습해 두는 것이 좋습니다.

회복력 수업에서 학생들과 함께 방금 소개한 심호흡 연습을 하기도 합니다. 의자에 앉아 등을 곧게 펴고 느긋한 음악에 맞춰서 천천히 숨을 내쉬고 들이마시는 심호흡을 5~10분 정도 함께 해 보는 것만으로 "마음이 차분해졌다", "기분 전환이 되었다"라는 소감을 자주 듣습니다.

나이 어린 자녀라면 큰 비눗방울을 만들거나 반으로 접은 종이를 탁자의 반대편까지 천천히 불어서 날려 보는 것도 좋은 심호흡 연습이 됩니다. 하늘을 올려다보며 "구름을 천천히 움직여 보자! 하늘 끝까지 닿도록, 후우~"라고 말하며 심호흡을 연습시킬 수도 있습니다. 드러누운 자세로 배 위에 봉제 인형을 올리고 천천히

호흡하며 봉제 인형이 배의 움직임에 맞춰 위아래로 움직이는 것을 관찰하는 것도 좋은 연습 방법입니다.

② 감정을 글로 써 보기

감정을 전환하는 두 번째 방법은 글로 써 보는 것입니다. 자신이 느끼는 감정을 글로 쓰는 행위 자체에 마음을 진정시키는 효과가 있습니다. 앞서 아이의 감정을 '언어화'해 달라고 말씀드렸는데, 스스로 글로 써도 자신의 감정을 인지하고 객관적으로 감정을 마주할 수 있게 되는 효과가 있습니다.

아이가 아직 글자를 쓸 수 없는 나이이거나 글을 쓰고 싶은 기분이 아닌 듯할 때는 크레파스와 도화지를 준비하여 마음 가는 대로 끼적여 보게 하는 것도 좋을 것입니다.

③ 몸을 움직이기

아이가 짜증이 난 모습을 보일 때는 함께 달리거나 재미있는 춤을 추는 것도 효과적입니다. 몸을 움직이면 호르몬 변화로 인한 불안정한 상태를 가라앉히는 효과를 얻을 수 있습니다. 함께 공원을 산책하는 것만으로도 기분이 바뀝니다.

④ 음악 듣기

아이가 좋아하는 음악을 들려주는 것도 추천합니다. 음악은 불안을 누그러뜨리고 긴장 완화 작용을 한다고 알려져 있습니다. 아이가 좋아하는 음악이 무엇인지 평소에 확인해 두고 필요할 때는 언제든 들려줄 수 있도록 목록을 만들어 놓으면 좋을 것입니다.

⑤ 열중할 수 있는 일을 하기

부정적인 감정을 잊을 만큼 열중할 수 있는 놀이나 작업을 하는 것도 대단히 좋은 방법입니다. 어느 10세 소녀는 컬러 비즈로 작품을 만들다 보면 불쾌한 감정이 가라앉는다고 했습니다. 부모도 함께 집중하여 무언가 만들어 보는 것도 좋습니다.

어떤 일에 집중하여 무아지경에 빠지는 경험을 '몰입flow 경험'이라고 합니다. 현재 수준보다 조금 어렵지만 도전하여 즐길 수 있는 활동을 하면 몰입 상태에 들어가기 쉽습니다. 이런 상태를 경험한 후에는 자연스럽게 개선된 감정을 느낄 수 있습니다.

앞서 소개한 방법은 모두 일단 마음을 '리셋'하여 대화할 준비를 하는 것입니다. 모두 부정적인 감정에서 빠져나오는 방법으로, 과학적으로 효과가 입증되었습니다.

부정의 늪에서 탈출하는 데 중요한 것은 각 상황에 맞춰 부정적인 감정에서 빠져나올 다양한 방법을 여러 가지 준비해 두고,

평상시에 그 방법들을 적절히 활용하는 연습을 하는 것입니다.

회복력을 키워 주는 '자기 통제력'

누구나 불쾌한 일 때문에 울거나 의기소침할 때가 있습니다. 자신의 사소한 욕구불만에 과도하게 반응하는 아이도 있습니다. 물론 때로는 울거나 의기소침해도 괜찮지만, 어느 정도 시간이 지나면 스스로 기분을 정리하고 극복할 수 있는 힘을 길러 주는 것이 중요합니다.

감정이 북받쳐 오를 때는 심호흡하며 마음을 가라앉히도록 돕거나 다른 활동에 관심을 돌리도록 합니다. 기분대로 행동하지 않고 일단 멈춰 서게 도와주는 것입니다. 부모는 그런 도움을 반복하여, 아이에게 자기 의지로 감정과 행동을 조절하는 힘을 길러 줄 수 있습니다.

이런 힘을 '자기 통제력'이라고 하는데, 자기 통제력은 인생에서 괴로운 일, 불안하거나 짜증 나는 일 등에 알맞게 대처하는 데 도움을 줍니다. 그리고 본래 해야 할 일에 집중하면서 원하는 것을 얻기 위해 포기하지 않고 노력하는 힘을 길러 주기도 합니다.

아이들의 자기 통제력은 어른을 모방하면서 크게 육성되므로 어른 자신도 아이의 본보기가 될 수 있도록 자기 통제력을 기르는 것이 중요합니다. 피가 거꾸로 솟는 듯하여 감정 그대로 화를 표출하고 싶을 때도 한 발짝 물러나 기분을 가라앉히고 대응하는 부모의 모습을 보여주면 아이는 내면에서 감정을 조절할 수 있다는 것을 배웁니다. 물론 항상 완벽하게 행동하기란 어려운 법입니다. 알맞게 행동하지 못했을 때는 솔직히 반성하고 실패의 경험을 살려 다음에는 적절하게 행동하는 모습을 보여줌으로써, 얼마든지 마음의 힘을 기를 수 있다는 것을 깨닫게 해 주는 기회로 삼읍시다.

지나치게 심각하게 생각하거나 망상에 휘둘리지 않기

아이가 부정적인 감정에 사로잡힐 때 부모가 흔히 하기 쉬운 실수는 사실 이상으로 '지나치게 심각하게 생각하는 것'입니다.

아이가 성질을 부리거나 난폭한 행동을 하고 학교 교사에게 호출받아 문제 행동을 지적당하기라도 하면 자기도 모르게 '내가 요새 통 관심을 기울이지 못해서 그런가?' 또는 '애가 보는 앞에서 부부싸움을 한 게 영향을 준 걸지도 몰라' 등 온갖 추측을 하는 부모님이 적지 않습니다.

잠시 추측을 멈추고 점검해 보세요. 아이가 문제 행동을 일으킨 것에 필요 이상으로 자책하는 것은 아닐까요? 상상이 지나치게 발전하면 문제의 진정한 원인을 놓치게 되고, 그러면 현재 상황에 제대로 대처하지 못하게 될 수도 있습니다.

중요한 것은 눈앞에서 일어난 사건과 자기 생각을 있는 그대로 파악하는 눈입니다. 그러기 위해서 '마인드풀니스' 개념이 도움이 됩니다.

마인드풀니스Mindfulness는 미국 매사추세츠 대학교의 존 카밧 진 Jon Kabat-Zinn 박사가 중심이 되어 붓다(부처)의 가르침을 토대로 진행한 연구에서 도출된 개념으로, '선악의 가치 판단을 하지 않고 지금 이 순간에 의식을 집중하는 상태'를 가리킵니다. 즉 발생한 사건과 감정에 대해 선악이나 옳고 그름을 판단하지 않고 있는 그대로 응시하는 것입니다.

우리는 곧잘 현실 이상으로 과장하는 경향이 있습니다. 아이가 문제 행동을 일으키거나 괴로운 상황에 부딪혔을 때 필요 이상으로 부모인 자신을 탓하거나 과도한 상상에 빠지지는 않는지 자문자답해 봅시다. 그리고 아이의 감정과 눈앞의 현실을 있는 그대로 '마인드풀니스적인 상태'에서 바라봅시다.

부정적인 감정에서 벗어나기 위해서는 거리를 두고 객관적으로 바라보는 힘이 필요합니다. '있는 그대로 바라보는' 것을 연습하면 자기 생각을 객관적으로 인식하는 능력인 '메타 인지'를 기를 수 있다는 것이 밝혀졌습니다. 또 마인드풀니스 상태가 되면 부정의 늪에서도 좀 더 잘 빠져나올 수 있습니다.

'감정은 스스로 선택할 수 있는 것'임을
가르치자

컵에 절반 가량 담긴 물을 보고 '반밖에 없다'고 하는 사람이 있는 반면 '반이나 있다'고 생각하는 사람도 있다는 얘기는 너무나 잘 알려져 있습니다. 같은 현상을 두고 어떤 사람은 부정적으로, 어떤 사람은 긍정적으로 해석합니다. 해석 방식은 사람마다 다양합니다. 사건과 상황을 부정적으로 해석하면 불안과 슬픔, 긍정적으로 해석하면 기쁨이라는 감정이 탄생합니다.

부모라면 누구나 내 아이는 자기가 가진 것에 감사하고 상황의 밝은 면을 바라볼 줄 아는 진취적인 시각을 가지면 좋겠다고 생각할 것입니다. 이제 부정적인 감정의 중요성과 부정적인 감정을 적절하게 다루는 법에서 한 발짝 더 나아가 아이들에게 '상황을 해석하는 관점에 따라 감정이 바뀐다', '상황을 해석하는 방식은 스스로 결정할 수 있다'는 것, 아울러 그렇게 함으로써 '원하는 행동과 결과를 얻을 수 있다'는 것을 알려 줍시다. 그러기 위해 어떻게 대화하면 좋을지, 그 대화 방법에 관해 이야기해 보겠습니다.

우리의 감정을 결정하는 것은 '상황을 해석하는 관점'이다

  ·
  ·

　유소년기의 중대 사건을 꼽아 보라고 하면 아마 그중 하나가 친구와의 다툼일 것입니다. 아이에게 친구는 매일의 삶을 즐겁게 보낼지 불안하게 보낼지를 가장 크게 좌우하는 열쇠를 쥔 존재입니다. 친구와 다투거나 거북한 관계가 되어 버리면 아이는 이 세상이 끝나기라도 한 것처럼 풀이 죽습니다. 어른이 되어 돌이켜보면 잘 이해가 안 갈 수도 있지만, 우리 모두에게도 어린 시절의 그런 기억이 적잖이 있을 것입니다.

　친한 친구와 다투었을 때 어느 아이는 '전부 나 때문이야……. 앞으로 아무도 나랑 친구 안 할 거야'라고 생각하여 슬프고 불안한 감정을 느끼며 깊은 침체에 빠집니다. 한편, '친구랑 나랑은 생각이 다르니까 다툴 수도 있지. 틀림없이 다시 친하게 지낼 수 있을 거야'라고 생각하는 아이도 있습니다. 이런 아이는 '어떻게 하면 화해할 수 있을까?' 하고 문제를 극복하기 위한 해결법에 관해서도 생각을 이어나갈 수 있습니다. 친한 친구와 다투었다는 상황은 같지만 상황을 받아들이는 자세에 따라 반응과 행동은 전혀 다른 모습으로 나타나는 것입니다.

　이런 차이가 발생하는 이유는 앞에서 말씀드린 것처럼 상황을 해석하는 관점이 다르기 때문입니다. 많은 사람이 '순조롭지 않은 상황이나 사건 탓에 내가 불쾌한 감정에 빠졌다'고 생각하곤 합니다. 그러나 사실 사건과 감정의 연관성은 그리 높지 않습니다. 우리의 감정을 결정하는 것은 '사건 자체'가 아니라 '사건을 어떻게 해석하는가?'이기 때문입니다.

우리는 어떤 사건이 일어나면 그때까지의 경험과 정보를 바탕으로 그 상황과 사건에 관해 자기 나름의 방식대로 파악하고 해석합니다. 그러면 그 해석에 따라 감정이 발생하고, 그 감정에 근거하여 행동합니다. 그 일련의 흐름이 순간적으로 일어나므로 '상황이 모든 것을 결정한다', '이 사건 때문에 내가 불쾌한 감정에 빠졌다'고 느끼게 되는 것입니다.

앞의 예를 다시 살펴보면, 친구와 다툴 때마다 항상 '내가 나쁘게 굴었기 때문이야. 앞으로 아무도 이런 나랑 친구 안 할 거야'라고 해석하니 슬픔과 침체가 깊어지는 것입니다. 더 우려스러운 것은 그 해석이 옳다는 것을 증명하기 위한 행동(친구를 피하거나 비굴해지는 행동)을 진심으로 원하지도 않는데 자신도 모르는 사이에 하게 될 수도 있다는 것입니다.

그 결과, '다른 사람들이 내게서 멀어져 간다'라는 신념을 가지게 되고, 살아가면서 그 신념에 근거한 행동을 반복함으로써 그 사고방식이 점점 더 강화되는 악순환이 발생합니다. 따라서 이런 부정적인 순환을 끊기 위해서는 해석과 행동을 바꿔 가야 합니다.

사건에 대한 '해석'이 감정을 결정한다

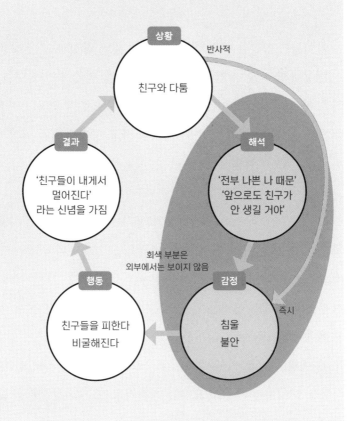

상황
친구와 다툼

반사적

해석
'전부 나쁜 나 때문'
'앞으로도 친구가
안 생길 거야'

결과
'친구들이 내게서
멀어진다'
라는 신념을 가짐

회색 부분은
외부에서는 보이지 않음

즉시

감정
침울
불안

행동
친구들을 피한다
비굴해진다

회색 부분은 외부에서는 보이지 않으므로 제삼자는 행동만을 보고 아이를 판단해 버리기도 한다. 한편 당사자는 상황에 대한 부정적인 해석이 부정적인 감정을 낳고, 자신이 그 감정을 바탕으로 행동한다는 것을 자각하지 못하는 경우가 많다.

· 출처 : 일로나 보니웰 'SPARK 회복력 프로그램'

"머릿속에서 어떤 말이 들리니?"라는 질문으로 메타 인지 기르기

:

아이들이 상황을 어떻게 해석하는지 알면 감정과 그 후에 따르는 행동까지 바꿀 수 있는 대단히 큰 기회를 얻을 수 있습니다. 그리고 아이들은 부모의 말에 큰 영향을 받으므로 부모와의 적절한 대화를 통해 '컵에 물이 반이나 있다'라고 긍정적으로 해석하는 자세를 기를 수 있습니다.

자기가 어떤 식으로 해석하는지 알기 위해서는 자신의 사고를 자각할 수 있는 '메타 인지' 능력이 필요합니다. 메타 인지는 일반적으로 5~6세부터 싹트기 시작하여 9~11세까지 발달한다고 알려졌습니다. 메타 인지는 언어 발달의 영향을 크게 받으므로 아이들의 특성과 발달에 따라서도 크게 달라집니다.

이 메타 인지를 기를 수 있도록 도와주면 아이는 상황을 부정적으로 해석하는 자신의 모습을 자각하고 일련의 악순환을 끊을 수 있게 됩니다.

구체적으로는 상황을 어떻게 해석하고 있는지 아이가 깨달을 수 있는 질문을 하거나, 부정적인 해석을 긍정적인 해석으로 바꿔 갈 수 있는 말을 해 주는 것입니다.

처음에는 아이가 어떤 상황에 대해 어떤 해석을 하는지 파악하기 쉽지 않을 수도 있을 것입니다. 앞에서 본 그림에서 회색 부분의 내면에서 이루어진 상황 해석과 그로 인해 즉시 발생한 감정 자체는 겉으로는 보이지 않습니다. 그리고 아이들 자신도 스스로 어떻게 해석하고 있는지 좀처럼 깨닫지 못합니다. 반사적으로 순식간에 일어나는 반응이기 때문입니다.

그러므로 자기가 어떤 식으로 해석하고 있는지 스스로 자각할 수 있도록, 아이가 슬퍼하거나 침울해할 때는 대화를 할 수 있는 타이밍을 보아 다음과 같은 질문을 해줍시다.

"머릿속에서 어떤 음성이 들리니?"

"어떤 것이 머릿속에 떠오르니?"

"너 자신에게 뭐라고 말했니?"

이런 질문을 받으면 아이가 다시금 곰곰이 생각해 봄으로써 자신이 어떻게 해석했는지 자각할 수 있게 되고, 이는 메타 인지 습득의 첫걸음이 됩니다.

예전에 근무했던 학교에서 있었던 일을 예로 소개하겠습니다.

하루는 11세 남자아이가 형이 자신에게 엄청나게 화를 냈다며 힘이 쭉 빠져 있었습니다.

"형이 저한테 꼴도 보기 싫다고 했어요."

아이는 평소에 무척 좋아하던 영어 수업 시간에도 집중하지 못했습니다.

"형이 너에게 화가 많이 나서 슬펐겠다. 그때 네 마음이 네게 뭐라고 말하든?"

이렇게 물었더니 그 아이가 말했습니다.

"형은 나를 미워해서 화낸 거야. 나를 바보라고 생각해. 앞으로는 나랑 같이 안 놀아 줄 거야."

아이가 자기의 해석을 말해 준 것을 계기로 사람은 때때로 아주 좋아하는 사람에게도 화를 낼 수가 있다는 것, 화를 냈다고 해서 미워하는 것은 아니라는 것 등, 상황을 다르게 볼 수도 있다는 이야기를 함께 나눌 수 있었습니다.

이처럼 상황에 대한 아이들의 해석을 들으면서 그 해석을 바꿀 수 있도록 개입할 수 있습니다. 아이는 자신의 해석을 인식할 수 있는 질문에 거듭 답하면서 서서히 새로운 해석을 키워 갈 수 있는 것입니다.

참고로 "무슨 생각을 하고 있어?"라든가 "넌 어떤 생각이 드니?" 등 머리로 생각하여 답을 내야 하는 질문은 아이의 해석을 끌어내는 데 그다지 좋지 않습니다. 감정이 따르지 않는 '사고'가 나오므로 주의해 주세요.

부정적인 언어를 속삭이는 '7마리의 앵무새'

.
.

상황의 '해석'이 '감정'에 영향을 주고 그 감정이 이후 '행동'에 영향을 준다는 것, 그리고 해석이 선입관이나 부정적인 사고에 치우친 경우, 감정과 행동도 부정적으로 나타나는 악순환에 빠질 수 있다는 것을 말씀드렸습니다. 게다가 이 부정적인 해석은 생각의 방향이 매사에 나쁜 쪽으로 흐르는 마음의 습관이 될 수도 있습니다.

그러면 왜 이런 부정적인 해석을 하게 되는 것일까요? 그것은 어른들의 말, 미디어의 정보, 자신의 경험 등 다양한 영향이 쌓여 어느 정도 고정화되기 때문입니다.

긍정교육협회에서 시행하고 있는 '회복력 교육프로그램'에서는 우리가 흔히 빠지기 쉬운 부정적인 해석(인지)을 7가지로 나누고, 이를 7마리의 앵무새에 빗대어 소개합니다.

앵무새는 우리 어깨에 앉아 무엇인가 힘든 일이 생겼을 때 그 상황을 해석하는 말을 귓가에 속삭이는 존재입니다. 어깨에 앉아 있는 앵무새에 비유하는 이유는 상황의 해석을 자기 자신에게서 일단 분리하여 밖으로 꺼내어 놓으면 좀 더 객관적으로 볼 수 있기 때문입니다.

여러분과 가족들은 어떤 해석을 하는 경우가 많은가요? 다음 7마리 앵무새가 속삭이는 말 중에 머릿속에서 가장 자주 들리는 말은 어느 것인가요? 우선은 자신의 부정적인 해석을 깨닫는 것이 부정적인 순환을 멈출 수 있는 첫걸음입니다.

내 어깨에 앉아서 속삭이는 '부정 앵무새'는 누구?

비난 앵무새

일이 꼬이는 것은 OO 탓이야!
난 잘못한 것 없어!

일이 잘 안 풀리거나 맘에 들지 않는 것은 모두 남 탓.
완고하고 자기 의견을 바꾸지 않으며 대체로 분노를 느낀다.

체념 앵무새

내가 할 수 있을 리가 없어.
어차피 해도 잘 안될 거야.

문제가 있으면 몸이 얼어붙어 움직이지 않는다. 나는 할 수 없다고 생각하여 도전하지 않는다. 무력감, 허탈감에 빠지고 불안해질 때도 있다.

정의 앵무새

그건 옳지 않아.
OO하는 건 틀렸어.
OO해야 한다.

완벽주의 경향과 정의감이 강하며 '옳은지 그른지', '공평한지 불공평한지'가 중요하다. '틀렸다', '공평하지 않다'라고 느낄 때 분노와 혐오감을 품는다.

걱정
앵무새

틀림없이 이미 글렀어.
그렇게 되면 어떡하지?
큰일 날 것 같아.

미래 일을 지나치게 걱정한다. 항상 부정적인 결과가 될 것이
틀림없다고 믿는다. 불안, 염려, 긴장 등을 느낀다.

무관심
앵무새

그래서 뭐?
어느 쪽이든 상관없어.
관심 없어.

현재가 좋으면 그만이라고 생각하여 장래에 무관심하다.
문제를 외면하고 내버려 두면 언젠가 해결될 것으로 믿는다.

패배감
앵무새

나 같은 건 도움이 안 돼.
어차피 나 같은 건 쓸모없어.
나는 누구보다도 열등해.

타인과 비교하고 자신은 다른 사람보다 뒤떨어졌다고 믿는다.
패배감, 열등감, 우울감에 지배당하기 쉽다.

죄책감
앵무새

실패는 내 탓이야.
전부 내가 잘못했어.

무슨 일이 생기면 전부 자기가 잘못했다고 생각하여 자신을 책
망하는 데 시간을 허비한다. 죄책감, 불안, 초조감 등의 감정이
싹트는데, 그 감정에 빠져들면서 감정이 한층 증폭된다.

부정 앵무새를 신속히 떠나보내기

강좌나 연수 등에서 "어느 앵무새가 자주 나타나나요?" 하고 질문하면 "전부요!"라고 솔직히 답하는 어린이와 어른이 적지 않습니다. 그것은 드문 일이 아닙니다. 누구나 상황에 따라 다양한 유형의 해석을 합니다. 때로는 여러 가지 유형이 조합된 복합적인 해석을 하기도 합니다.

이 책의 서두에서 부정적인 감정에도 자신을 지킨다는 중요한 역할이 있고, 부정적인 감정을 느끼는 것이 나쁜 것은 아니라고 말씀드렸습니다. 마찬가지로 부정적인 해석을 하는 앵무새가 나타나는 것 역시 절대로 나쁜 것은 아닙니다.

중요한 것은 부정적인 해석을 습관화하지 않는 것입니다. 해석은 마음의 버릇과 같은 것이므로 자신을 괴롭히는 감정의 원인이 되는 해석에서 벗어나 더욱 진취적으로 앞으로 나아갈 수 있는 해석으로 바꾸어 가는 것이 중요합니다. 그것은 우선 앵무새가 어깨에 앉아 있다는 것을 깨닫고, 어깨에 계속 앉혀 두지 않는 것으로부터 시작합니다.

그러기 위해 아이의 마음에 여유가 있거나 기분이 좋고 활력이 넘치는 타이밍을 노려서 7가지 유형의 부정적인 해석이 있다는 것을 앵무새 비유를 사용하여 아이와 함께 미리 이야기해 보는 시간을 가질 것을 권합니다. 아이뿐만 아니라 가족 구성원 모두의 앵무새를 서로 알아두면 가정 내 의사소통에도 긍정적인 역할을 할 것입니다.

예를 들어 어머니가 짜증이 나 있을 때 딸이 "엄마, 투덜이 앵무새가 있는 것 같아! 무슨 일 있었어요?"라고 역으로 물어볼 수 있겠지요. 그 질문을 계기로 앵무새 이미지들을 펼쳐 놓고 "엄마는 이 유형이 자주 나타나", "아빠는 이 유형이야"라고 즐겁게 이야기하며 해석 유형을 찾아보면 아이도 적극적으로 자신의 앵무새를 찾게 되지요. 이런 식으로 해 보실 것을 추천합니다.

아이가 표출하는 '감정'을 잘 관찰하자

:

아이가 표출하는 부정적인 감정을 잘 관찰해 어떻게 해석하고 있는지를 '탐색'하는 방법도 있습니다.

해석 방식에 따라 생겨나는 '감정' 자체는 밖에서 보이지 않으므로 부모로서도 파악하기 어렵게 느껴집니다. 그러나 아이가 표출하는 감정과 그로 인해 나오는 언동을 주의 깊게 관찰하면 7마리 앵무새 중 어느 것이 아이 어깨에 앉아 있는지 보이기 시작합니다.

7세 아들을 둔 어느 어머니가 다음과 같은 이야기를 들려준 적이 있습니다. 그 어머니는 아이가 친구와 자주 말다툼을 하는 것이 고민이었습니다. 아이가 친구와 같이 있을 때 가만히 지켜보니, 아이가 무척 강한 어조로 친구에게 지시를 내리듯 말하는 것이었습니다. 어머니는 자기도 모르게 "그렇게 명령조로 말하지 마"라는 말이 나오려는 것을 가까스로 참고 아이의 모습을 좀 더 관찰했다고 합니다.

아이는 친구에게 강한 분노의 감정을 느끼고 있는 듯했습니다. 앞 그림에 나온 7마리 앵무새 중에서 '분노'를 느끼기 쉬운 것은 '정의 앵무새'와 '비난 앵무새'입니다. 실제로 아이의 말을 주의 깊게 들어봤더니 "이건 여기에 정리하는 거야", "선생님이 안 된다고 하셨잖아" 등 '~해야 한다' 혹은 '~가 옳다'라는 표현을 자주 쓰고 있었습니다.

또 정의 앵무새와 함께 "제대로 하지 않는 사람이 나쁘다", "친구 탓에 정리가 제대로 안 된다" 등 비난 앵무새의 목소리도 들려왔습니다.

이 소년의 언동을 유심히 관찰하니 '내 생각대로 할 거야' 또는 '골탕 먹여야지'라고 생각하는 것이 아니라 '무슨 일이든 올바로 하는 것이 중요하다. 그러니까 따르지 않는 사람은 다 나쁘다'라는 식으로 해석하고 있다는 것을 알 수 있었습니다. 그것이 강한 분노를 유발하여 강한 말투와 친구를 책망하는 행동으로 나타난 것이었습니다.

이 사실을 알게 되자 어머니는 "당연히 해야 할 일을 친구가 하지 않아서 답답하고 조바심이 난 거구나"라고 아이의 감정을 수용하는 말을 해 줄 수 있었습니다. 거기서 더 나아가 "그 친구에게 네 느낌을 전달할 수 있는 표현을 함께 생각해 보자" 혹은 "친구가 정리하지 않는 이유가 있었을까?" 등의 말도 해 줄 수 있습니다.

'흑백 논리나 선악 구분 이외에도 상황을 해석하는 방법이 있다'는 것을 서서히 알려 주면 정의 앵무새가 거칠게 불쑥불쑥 튀어나오는 일도 줄어들 것입니다. 이 아이의 감정에 변화가 생기고 행동도 변화해 갈 것으로 기대할 수 있습니다.

이처럼 아이의 모습을 유심히 관찰하며 감정을 식별하면 어떤 해석을 하고 있는지 파악할 수 있습니다.

언뜻 보면 이해되지 않는 아이의 행동으로 인해 부모도 덩달아 자기도 모르게 무조건 화를 버럭 내거나 불안에 빠지기 쉽습니다. '세심한 관찰 → 감정 식별 → 해석 유형 파악 → 적절한 말로 개입'이라는 일련의 흐름이 순조롭게 이루어지면 아이가 하는 난처한 행동에도 공감과 인내심을 가지고 대응할 수 있게 됩니다.

점진적으로 '부정적인 해석'을 바꾸는 방법

'7마리 앵무새'를 활용하여 아이의 부정적인 해석 경향을 파악했다면 보다 긍정적이고 상황 대처에 도움이 되는 해석으로 바꾸어 가는 것에 도전해 봅시다.

갑자기 정반대의 해석으로 바꾸는 것은 당연히 현실적으로 어렵습니다. 아이와 함께 다른 관점의 해석을 탐색해 보거나, 전부가 아닌 일부를 바꾸는 것에서 시작하면 아이도 무리 없이 받아들일 수 있습니다.

걱정 앵무새를 가지고 있는 10세 소년의 예로 설명해 보겠습니다.

이 소년은 축구 경기 전에 무척 불안해하는 유형이었습니다. 항상 "골을 못 넣으면 어떡하지? 나 하나 때문에 모두가 실망하게 될 거야"라고 말하곤 했습니다.

먼저 소년에게 "여태까지 골을 넣지 못했을 때 팀원들이나 코치님이 뭐라고 말했니?", "너는 어느 정도의 확률로 골을 넣니?" 등을 물어봤습니다. 아이를 사로잡고 있는 '생각'이 아니라 '현실'에서 실제로 벌어지고 있는 일을 함께 탐색해 보기 시작한 것입니다.

이와 함께 "네가 존경하는 선수라면 어떤 식으로 생각할까?"와 같이, 다른 관점이나 조금 넓은 시야에서 본다면 어떤 식으로 생각할 수 있을지를 물어보며 몇 가지 다르게 해석하는 법을 함께 얘기하고 다음과 같이 종이에 적어 보았습니다.

* 누구나 큰일을 앞두면 긴장하거나 불안에 빠질 수 있다.
  그렇다고 해서 꼭 실패하는 것은 아니다.

* 슛을 성공시킬 때도 있고, 성공시키지 못할 때도 있다.
  하지만, 지금까지 여러 번 슛을 성공시켰다.

* 경기에 나가 보지 않고서는 상대방이 얼마나 강한지 약한지 알 수 없다.
  있는 힘껏 최선을 다하는 것이 중요하다.

* 골을 넣지 못하면 나 자신도 동료 팀원들도 실망하겠지만,
  모두 함께 다시 연습하면 강해질 수 있다.

* 축구는 팀워크를 통해 실력을 발휘하는 스포츠이다.
  그러므로 최대한 열심히 하는 것은 중요하지만,
  어느 한 사람만 책임질 수 있는 것은 아니다.

"이 중에서 불안을 줄이는 데 도움이 되는 말이 있니?", "아, 그렇구나! 하는 생각이 드는 말이 있니?"라고 물어보면서 경기에 대한 새로운 해석도 함께 생각해 보았습니다. 그 결과 소년의 불안감은 조금씩 감소했고, 시간이 흐를수록 긴장을 풀고 경기에 임할 수 있게 되었습니다. 상황에 대한 해석이 달라지면 감정과 행동도 달라집니다.

긍정교육협회의 고문인 일로나 보니웰 박사에 따르면 해석을 바꾸고자 할 때 다음 3가지 사고방식이 도움이 됩니다.

해석을 바꿀 수 있는 3가지 관점

❶ 다른 관점으로 바라보자.
　→ "네가 동경하는 ○○○ 선수라면 어떻게 생각할까?"
❷ 보다 현실적인 관점으로 바라보자.
　→ "진짜 그래? 탐정이 되어 사실을 바라보자."
❸ 침착하게 넓은 시야로 바라보자.
　→ "기구에 탄 채 아래를 내려다본다는 기분으로 전체를 바라보자."

※ → 이하는 필자의 각색임

많은 경우, 삶에서 발생한 사건은 단순하게 설명되는 것이 아니며 갖가지 요인이 있습니다. 그러므로 자신의 해석이 100% 틀린 것도 아니고 100% 옳은 것도 아닙니다. 어깨에 앉은 앵무새가 속삭이는 소리(상황에 대한 부정적인 해석)는 완전히 옳은 것은 아니지만 일리가 있는 면도 있습니다. 그 때문에 부정적인 해석을 완전히 바꿔 버리려고 하는 것보다 조금 다른 해석을 해 보는 것이 실제로 도움이 될 때가 많습니다.

예를 들어 일이 잘 풀리지 않을 때, '실패하다니, 역시 나는 쓸모없어'라는 패배감 앵무새의 해석을 하는 사람이 '나는 실패했어도 아무렇지 않아! 실패할 수 있는 나 자신이 누구보다도 멋져'라는 식으로 180도 바뀌기는 힘들 것입니다. 억지로 긍정적인 사고방식으로 바꾸는 것은 장기적으로 볼 때 자신의 해석을 바꿔 가는 것으로 연결되지 않습니다.

'실패한 것은 정말 아쉽다. 무척 중요한 일이었으니까. 그렇긴 하지만 실패는 새로운 것을 배우는 계기이기도 하고, 무엇보다 도전할 수 있었다는 것에 의미가 있어. 누구라도 실패할 때가 있잖아'라고 생각하는 쪽이 더 마음에 다가오지 않을까요?

어떤 말이 마음에 다가온다거나 정곡을 찌른다는 느낌은 대단히 중요합니다. 그래서 축구 경기 전에 불안에 빠지는 소년에게 "아, 그렇구나! 하는 생각이 드는 말이 있니?"라고 물어본 것입니다.

자녀가 상황을 해석하는 방식이 부정적이라는 것을 깨닫게 되면 억지로라도 바꿔 주고 싶은 마음이 드는 것은 당연합니다. 그러나 무리하게 긍정적인 해석으로 바꾸어 버리기보다 현재 자녀의 해석도 일리가 있음을 인정한 후에 바꿀 수 있는 부분이 무엇인지 탐색해 가는 것이 포인트입니다. 그러면 아이가 새로운 해석을 받아들이기 쉬워집니다.

아이의 내면에 '긍정 앵무새'를 키우는 방법

상황에 대한 해석은 경험을 통해 축적되는 것이므로, 긍정적인 해석도 축적하면 새로운 '마음의 습관'으로 뿌리내립니다.

여러분의 내면에도 힘든 사건이 있을 때 "할 수 있어, 괜찮아!"

라고 격려해 주는 앵무새가 있지 않습니까?

제가 운영하는 회복력 교육프로그램 중에는 아이의 내면에 그 아이 나름의 '긍정 앵무새'를 키우는 활동이 있습니다. 아이에게 자기 나름대로 자신의 긍정 앵무새를 상상하도록 하고, 그 앵무새의 이미지와 대사를 생각해 보도록 하는 방법을 사용합니다. 그 앵무새에게는 스스로 이름을 붙여 주도록 합니다.

지금까지 이 활동을 통해 "아주 열심히 하고 있구나"라고 말하는 응원 앵무새, "하면 된다!"라고 말하는 격려 앵무새, "일곱 번 넘어져도 여덟 번 일어난다!"라고 말하는 오뚝이 앵무새 등 긍정적인 자세를 갖도록 기운을 북돋우는 다양한 앵무새가 탄생했습니다.

아이들이 각자의 긍정 앵무새를 생각해 내면 우선 부모인 우리가 아이들 제각각의 응원 앵무새, 격려 앵무새가 되어 줍시다. 아이가 곤경에 처했을 때 상황에 대한 해석을 긍정적으로 바꿀 힘을 주는 말을 하는 앵무새의 역할을 우선 부모가 맡는 것입니다.

그렇게 계속하다 보면 실제로 부모가 곁에 머물며 긍정의 말을 해 주지 않더라도 아이들이 스스로 자신의 긍정 앵무새를 활용할 수 있게 됩니다. 즉, 역경을 딛고 일어설 수 있게 해 주는 말을 스스로 자기 자신에게 들려주게 되는 것입니다.

아이들이 고민하고 있을 때, 어려움을 극복하려고 노력할 때

"너의 격려 앵무새라면 뭐라고 말할까?"라고 물어보는 것도 상황 해석의 폭을 넓히는 데 도움이 됩니다.

부모와 자녀가 함께 회복력 훈련을 받았던 한 가족의 사례를 소개하겠습니다. 훈련을 받은 후, 온 가족이 싱가포르로 이주하게 되었습니다. 부모님과 함께 왔던 8세 소년은 새로운 환경에 적응하는 데 시간이 걸리는 유형이었습니다. 초등학교에 겨우 적응하자마자 낯선 싱가포르로 이사하게 되었으니 "새 학교라서 친구도 없고, 영어도 못하니까 재미도 없을 거야"라고 매일 우울해했습니다.

그때 어머니가 이전에 받았던 회복력 훈련에서 아들이 만들었던 '힘내 앵무새'를 떠올렸습니다. 그럼 "너의 '힘내 앵무새'에게 물어볼까? '힘내 앵무새'라면 지금 뭐라고 할까?" 하고 물었습니다.

아이는 잠시 생각해 보더니 "'걱정은 되지만 친구가 생길지도 몰라! 영어를 잘하게 되면 멋있기도 하고'라고 말할 것 같아"라고 대답했습니다. 그러자 새로운 해석에서 새로운 감정인 '기대'가 싹텄습니다. 차츰 그 감정은 '불안'과 '걱정'보다 커져서 나중에는 "싱가포르 가는 게 무척 기대된다"라고 말하게 되었습니다.

자신을 격려하거나 위로해 주는 앵무새를 만들어 두는 것은 상황 해석의 폭을 넓히는 데 도움이 됩니다. 앵무새가 언제든지 나타날 수 있게 하는 비결은 아이의 긍정 앵무새에게 이름을 붙여 주고 그림으로 그리는 등의 활동을 해 보는 것입니다. 그리고 이 사례의 어머니처럼 "너의 ○○ 앵무새에게 물어보자. 뭐라고 할까?"라고 아이의 내면에 있는 앵무새를 상기시키는 말을 하여 다른 관점으로 상황을 해석하도록 유도할 수 있습니다.

'비판'과 '비난'으로는 회복력을 기를 수 없다

"그런 식으로 생각하다니 진짜 이상하구나."

"그러니까, 엄마가 계속 말했잖아."

"벌써 ○살이잖니!"

부모라면 이런 말이 입 밖으로 튀어나오는 상황이 수없이 많을 것입니다. 딱히 아이를 몰아세우려는 것이 아니고 아이의 생각과 행동을 좀 더 좋은 방향으로 변화시키고 싶다는 심정에서 비롯된 말이라는 것은 잘 압니다.

그러나 안타깝게도 아이의 행동과 사고에 부모가 판단하고 평가하는 말을 하면 장기적으로 아이 마음이 성장하는 데 좋은 결과를 낳지 못한다는 것이 밝혀졌습니다. 비판적인 부모 슬하에서 자란 아이는 자기 자신에 대해서도 비판적이기 때문이라는 것이 입증된 것입니다.

더욱이 환경이 크게 변화했거나, 인생을 뒤흔드는 이별 등의 큰 어려움이 다가왔을 때 자신에게 비판적인 것은 그 어려움을 뛰어넘는 데 도움이 되지 않습니다. 오히려 부정적인 감정을 수용하고 자신을 배려하는 것이 회복력을 높이는 첫걸음이 됩니다. 이렇듯 '비판'과 '비난'은 어려움을 극복하는 힘으로 연결되지 않는 경우가 많습니다.

그 사실은 다양한 연구에서 과학적으로 밝혀졌습니다. 유럽과 미국의 학생들은 대학에 진학함과 동시에 집을 떠나 새로운 환경에서 생활하는 경우가 대부분입니다. 그래서 많은 학생이 집을 그리워하며 우울감, 의욕 저하, 고독감 등을 느낀다는 보고가 있습니다. 또 향수병에 걸린 학생이 그렇지 않은 학생보다 자퇴율이 3배나 높습니다.

미국의 듀크 대학교에 진학한 고등학생 119명을 대상으로 조사한 결과 '자기 자비(self-compassion: 자신의 고통을 수용하고 자기에 대해 자상한 태도를 보이는 것)' 수준이 높은 학생일수록 곤란한 상황을 보다 효과적으로 극복할 수 있다는 것이 밝혀졌습니다. 여기에 더해 우울 성향이 낮고 향수병에도 덜 걸리며 대학 생활 만족도도 더 높다는 것이 판명되었습니다.

텍사스 대학교 심리학자 크리스틴 네프[Kristin Neff] 박사는 힘든 상황을 뛰어넘기 위한 열쇠가 되는 자기 자비의 요소로 다음 3가지를 들었습니다.

자신을 소중히 여기는 '자기 자비'의 3대 요소

❶ 마인드풀니스: 경험에서 비롯된 고통을 무시하거나 과장하지 않고 있는 그
   대로 인식한다.
❷ 보편적 인간성: 절대적인 고독과 소외를 느끼지 않고 인간으로서 타인과 연
   결되어 있음을 느낀다.
❸ 자신에 대한 친절: 자신에게 비판적이거나 엄격한 태도가 아닌 자상하고 배
   려 있는 태도를 취한다.

비판적인 태도 대신, 괴로움을 인정하고 배려가 담긴 말을 해
주면 아이는 역경을 뛰어넘는 힘을 기를 수 있습니다.

감정을 있는 그대로 받아들여 주면 회복력이 자란다

"아이를 격려해 주어도 전혀 먹히지 않아요"라는 말을 자주 듣
습니다.

이런 경우는 그 상황에서 자녀에게 필요한 회복의 계기를 주는
긍정 앵무새가 '격려' 유형이 아닐 수도 있습니다.

"그렇구나. 의욕이 사라졌구나. 열심히 해왔는데. 그래도 괜찮
아"라고 수용해 주는 유형의 앵무새 말이 회복의 계기가 될 수도
있습니다. 자기 자비의 '수용 앵무새'입니다.

자녀가 의기소침한 모습을 보일 때는 우선 "그렇구나. 그런 느낌이 들었구나"라고 괴로운 심정을 받아들여 줍시다. 그저 껴안아 주는 것만으로도 힘이 됩니다. 이를 계기로 괴로운 감정을 받아들이는 힘을 아이의 내면에 길러 갑시다. 그리고 "이런 일을 겪으면 누구나 괴롭게 느낀단다"라고 말해 주어 아이가 느끼는 감정은 혼자서만 느끼는 것이 아니라 인간이라면 누구나 느끼는 보편적인 감정이라는 사실을 알려 줍니다. 그리고 "괜찮아. 함께 생각해 보자"라는 말로 자기 자신을 소중히 대하는 다음 순서로 넘어갑니다. 이 일련의 말에는 자기 자비의 3대 요소(① 마인드풀니스 ② 보편적 인간성 ③ 자신에 대한 친절)가 포함되어 있습니다.

목소리의 톤과 표정을 전달하는 말을 일치시키는 것도 중요합니다. 온화하고 부드러운 목소리 톤으로 자기 자비의 3대 요소에 따라 아이에게 반복해 말해 주면 아이의 내면에 수용 유형의 앵무새가 자라나고 힘든 상황을 뛰어넘는 능력이 점점 높아집니다.

잘하지 못하는 것뿐 아니라
잘하는 것에도 주목하자

아이들은 한 가지가 순조롭게 풀리지 않으면 모든 것을 내팽개치는 일이 자주 있습니다. 그러나 찬찬히 살펴보면 잘되지 않는 일이 한 가지 있더라도 다른 일은 대부분 잘되어 가고 있는 경우가 많습니다.

잘하지 못하는 것, 잘 풀리지 않는 일에만 골몰하지 않고 순조롭게 이루어지거나 잘하고 있는 부분도 놓치지 않고 관심을 쏟을 수 있는 힘을 길러 주는 것은 회복력을 키우는 데 대단히 중요합니다. 왜냐하면 사람은 '가망이 없다'고 느낄 때보다 '아직 충분히 가망이 있다'고 느낄 때 에너지가 솟아나기 때문입니다. 그 에너지가 아이에게 다시 일어서는 힘을 줍니다.

친구와 사이가 나빠져서 학교에 가기 싫어진 7세 소녀 민이의 사례를 살펴보겠습니다.

민이는 친구에게서 "너랑 같이 놀기 싫어"라는 말을 들은 것이 원인이 되어 등교를 꺼리게 되었습니다. 간신히 학교에 가기는 하지만 아침 내내 꾸물거리거나 몸이 이곳저곳 아프다고 호소하곤 했습니다.

걱정이 된 부모님은 민이가 어떻게든 원만하게 학교에 다닐 수 있도록 해야겠다 싶었고, 등교를 꺼리는 원인이 된 친구에게 어떻게 대응해야 할지 담임 교사와 여러 번 상담했습니다. 그러면서 민이의 등교에 관한 생각으로 머리가 꽉 차서 그 이외에는 아무 생각도 할 수 없는 생활이 얼마간 이어졌습니다.

민이의 부모님에게서 상담 요청을 받고, "민이가 현재 학교나 학원, 매일의 생활에서 잘하고 있는 것, 즐겁게 하고 있는 것은 뭐가 있을까요?" 하고 물었습니다. 부모님은 이 질문에 답하면서 민이가 학교생활에서 좋아하는 부분도 있고, 수업을 집중하여 잘 듣고, 숙제도 꼬박꼬박 잘하는 등 긍정적인 요소가 아주 많다는 것을 스스로 깨달았습니다.

그래서 이렇게 잘할 수 있게 된 것이나 즐겁게 하는 일 등을 언어로 표현하여 민이에게 전달하기 시작했습니다.

"학교 숙제를 빠지지 않고 내고 있다니, 열심히 하고 있구나."

"학원 친구들과 즐겁게 지내고 있구나. 잘됐다."

"아침에 스스로 일어날 수 있게 되었네."

언어화하여 전달해 주면 아이 본인도 '속상한 일도 있지만, 좋은 일도 많다'는 사실을 강하게 인식할 수 있게 됩니다. 이처럼 끈기 있게 지속했더니 민이는 점점 활기를 되찾았습니다. 그 후로는 이전보다 수월하게 아침에 집을 나설 수 있게 되었습니다.

부정적인 감정은 시야를 좁히고 긍정적인 감정은 시야를 넓힌다

아이가 문제를 안고 있으면 민이의 부모님처럼 어떻게든 빨리 해결해야 한다는 생각으로 머리가 꽉 차는 바람에 잘되고 있는 부분을 간과하기 쉽습니다. 이것은 자연스러운 마음의 작용이긴 하지만, 문제에만 집중하면 할수록 최선의 행동을 취하기 어려워지게 마련입니다. 부정적인 감정의 지배를 받을 때는 어떤 결정이든 내리지 않는 것이 좋다고 하는 의견도 일리가 있습니다. 왜냐하면, 부정적인 감정과 긍정적인 감정은 각각 역할이 다르기 때문입니다.

앞에서 설명한 대로 부정적인 감정은 '투쟁, 도피 혹은 경직' 등 특정 행동으로 연결되므로 행동의 폭과 시야를 좁힙니다.

예를 들어, 공포의 대상으로부터 필사적으로 도피하려고 할 때는 아름다운 태양 빛이나 길가의 꽃에는 눈길을 둘 수가 없습니다. 살아남기 위해 에너지를 '도피'에만 집중해야 하기 때문입니다. 한편, 긍정적인 감정은 그와 반대로 사고의 폭을 넓혀서 다양한 선택과 사고방식, 행동에 관심을 가지게 하는 작용을 합니다.

긍정적인 감정은 역경을 견디고 나쁜 상황 속에서도 좋은 점을 찾을 수 있는 조력자 역할을 합니다. 이는 역경과 시련, 매일의 힘든 일들로부터 회복할 수 있도록 도와주는 힘이 됩니다.

긍정적인 감정은 에너지가 된다

:

앞서 살펴본 사례처럼 우리는 하지 못하는 것과 잘 풀리지 않는 일 등 부정적인 사건에 의식이 쏠리게 마련입니다. 아이와 대화할 때 "학교에서 즐겁긴 했는데 친구하고 싸웠어"라는 말을 들으면 '학교에서 즐거웠다'라는 내용은 쏙 빠져버리고 '친구와 싸웠다'라는 말에만 관심이 집중되어 꼬치꼬치 캐묻거나 걱정과 불안에 빠지곤 합니다. 이것은 생존본능으로서 부정적인 쪽에 시선이 향하는 '부정 편향'의 영향을 받기 때문입니다.

한편, 긍정적인 감정은 우리를 성장시켜주는 역할을 합니다. 긍정적인 감정 연구의 일인자인 바바라 프레드릭슨[Barbara Lee Fredrickson] 박사는 긍정적인 감정은 행동과 시야의 폭을 넓혀서 활용 가능한 자원을 구축함으로써 긍정의 나선형 선순환을 만든다는 내용의 '확장-구축 이론'을 내놓았습니다. 프레드릭슨 박사의 연구에 따르면 긍정적인 감정에는 다음과 같은 4가지 이점이 있습니다.

① 긍정적인 감정은 넓은 시야로 생각하고 행동하는 데 도움이 된다

긍정적인 감정은 주의력과 사고의 폭을 넓혀줍니다. 사람은 기쁨을 느낄 때 창조적이 되고 흥미를 느낄 때 새로운 정보와 기회를 발견해 내며 지금까지 몰랐던 것을 알게 되고 행동하기 시작합니다. 또 긍정적인 감정은 눈앞의 문제에 얽매이지 않고 다양한 해결책을 발견하여 새로운 가능성을 향해 행동하는 힘이 됩니다.

② 긍정적인 감정은 부정적인 감정을 완화한다

절망적인 상황 속에서도 '반드시 상황은 바뀐다', '점점 더 나아지고 있다'는 쪽으로 마음을 돌릴 수 있게 해 주는 '희망'도 긍정적인 감정의 하나입니다. 의도적으로 긍정적인 감정을 경험하면 뿌리 깊은 부정적인 영향이 완화됩니다. 또 긍정적인 감정을 느끼면 신체가 겪는 스트레스가 감소하고 혈압이 안정되며 감기에 잘 걸리지 않는다는 연구 보고도 있습니다.

③ 회복력을 강화한다

즐거움, 행복감, 충만감, 만족감, 애정, 배려심 등은 모두 회복력과 상황 대처 능력을 강화하는 감정입니다. 이와 대조적으로 부정적인 감정은 회복력과 상황 대처 능력을 감소시킵니다. 긍정적인 감정은 바람직한 행동을 하는 데 도움을 주고 설령 한창 나쁜 상황에 있을 때도 그 속에서 좋은 측면을 찾을 수 있도록 도와줍니다.

④ 새로운 자원을 구축하여 인간을 성장시킨다

여기서 자원이란 각 개인이 가진 능력과 경험, 사고방식 등을 의미합니다. 긍정적인 감정은 문제 해결 능력과 새로운 정보를 얻는 지적 자원, 운동 능력과 건강에 꼭 필요한 신체적 자원, 타인과의 견고한 유대를 의미하는 사회적 자원을 구축하는 능력이 됩니다. 물론 회복력도 살아가는 데 중요한 심리적 자원입니다. 긍정적인 감정은 일시적인 것으로 금세 사라지지만, 긍정적인 감정을 통해 얻은 자원은 장기간에 걸쳐 우리의 성장에 필요한 자원이 됩니다.

부정적인 감정이 '부정의 늪'이라는 나선형 악순환을 만드는 것과 반대로 긍정적인 감정은 ①~④의 이점을 통해 나선형 선순환을 만듭니다. 부정적인 감정이 목숨을 지키는 데 필요했던 것처럼 긍정적인 감정도 장기적으로 윤택한 인생을 사는 데 필요한 것입니다.

그러므로 의식적으로 아이들의 긍정적인 감정을 끌어내는 지혜를 모으고 대화를 함으로써 아이가 힘차게 살아가는 데 중요한 자원을 매일 구축해 갈 수 있습니다.

등산을 매우 좋아하는 한 소년은 숨이 멎도록 아름다운 대자연을 바라볼 때, 또 우주비행사가 인류 최초로 달에 발을 디뎠던 이야기 등을 들을 때 "대단하다!"라고 감탄하며 감동과 에너지를 느끼게 된다고 말했습니다. 한편, 다양한 것에 관심이 있는, 호기심 왕성한 어느 소녀는 새 책을 갖게 되었을 때, 본 적도 없는 새로운 것을 발견했을 때 "더 알고 싶어!", "재미있어!"라는 긍정적인 감정이 샘솟아 활기가 넘친다고 합니다.

긍정적인 감정에도 다양한 종류가 있습니다. 즐거워서 두근두근한 기분뿐만 아니라 감동, 희망, 흥미, 안심 등의 감정도 긍정적인 감정입니다.

여러분의 자녀에게도 나름대로 기운이 솟게 하는 긍정적인 감정이 있을 것입니다. 부디 자녀의 긍정적인 감정을 끌어내는 스위치를 찾아보세요.

긍정적인 감정은 가족의 접착제가 된다

앞서 언급한 '부정 편향' 때문에 우리는 부정적인 사건과 감정에 끌려다니는 경향이 있습니다. 여기에서 빠져나오기 위해서는 매일의 생활 속에서 아이가 긍정적인 사건에 관심을 쏟도록 습관을 들이는 것이 중요합니다.

예를 들어 아이에게 "오늘 학교 어땠어?"라고 묻는 부모님이 많을 것입니다. 앞으로는 "오늘 무슨 즐거운 일을 했니?" "순조롭게 잘 풀린 일 있었어?"라고 아이의 긍정적인 감정 스위치를 켜는 질문을 추가해 봅시다. 다양한 사건 중에서도 긍정적인 감정을 느꼈던 사건을 떠올릴 수 있기 때문입니다. 물론 불쾌한 사건과 고민에 관해서 이야기할 수 있는 것은 중요합니다. 다만 모든 이야기의 중심이 불쾌한 일이 되지 않도록 의식적으로 긍정적인 측면을 보는 습관을 길러 줍시다.

또 밤에 자기 전에 오늘 기뻤던 일이나 잘 해낸 일, 감사하고 싶은 일 등을 3가지 생각해 보는 것도 긍정심리학에서 중요시하는 일과입니다. 잘되지 않은 것, 부족한 것을 한탄하며 시간을 보내는 대신에 순조롭게 진행되었거나 이미 가지고 있는 것에 의도적으로 생각의 방향을 돌림으로써 긍정적인 감정을 경험하다 보면 우울감이 낮아지고 행복감이 향상하는 결과가 나타납니다. 아이가 하루의 마지막 시간을 긍정적인 감정으로 마무리할 수 있는 열쇠가 되는 습관이므로 강력히 추천합니다.

긍정적인 감정의 특징 중 하나는 '부정적인 감정에 비해 미약하고 비눗방울처럼 금세 사라져 버리는' 경향이 있다는 것입니다. 따라서 일단 긍정적인 감정이 생기면 소중하게 '맛보는' 시간을 가지는 것이 중요합니다. 미국의 심리학자 마틴 셀리그먼 박사는 '긍정적인 경험을 확실히 맛볼 수 있는 능력은 행복해지기 위해 필수 불가결한 요소'라고 말합니다. 긍정적인 경험을 맛본다는 것은 '집중'한다는 것입니다. 맛있는 식사를 느긋하게 음미하는 것, 친구의 이야기에 가만히 귀를 기울이는 것, 좋아하는 음악을 감상하는 것 등 현재 하는 일에 집중함으로써 긍정적인 감정을 충분히 음미할 수 있습니다. 자녀와 함께 즐거운 일을 할 때는 "참 즐겁다!"라는 식으로 감탄하면서 감정을 함께 음미해 봅시다.

텔레비전을 보면서 식사는 건성으로 하거나 가족이나 친구와 대화를 할 때 스마트폰을 만지작거리면 무슨 음식을 먹었는지, 어떤 이야기를 했는지도 제대로 기억하지 못 하지요. 하루에 몇 번이라도 좋으니 '눈앞의 즐거움에 집중하기'를 꼭 실천해 보세요.

즐거운 추억에 잠기거나, 미래의 설레는 계획에 관해서 그려 보는 것도 긍정적인 감정을 음미하는 것으로 연결됩니다. 가족이 함께했던 즐거운 시간의 사진을 사진첩에 한데 모아 정리해 두어 언제든지 볼 수 있게 하거나, 두근거리는 가족 여행 계획을 아이와 함께 짜 보는 것도 좋을 것입니다.

함께 웃고 기뻐하고 즐기는 경험을 쌓아 가면 부모와 자녀의 관계성이 강해집니다. 가족에게 문제 상황이 닥쳤을 때도 긍정적인 감정을 함께 경험했던 기억이 가족을 강하게 묶는 끈이 되어 줄 것입니다.

긍정적인 감정에는 다양한 이점이 있지만 현실적으로 매일의 생활 속에서 모든 시간을 긍정적인 감정으로 채우기는 어렵습니다. 중요한 것은 그 비율이지요. 바바라 프레드릭슨 박사는 '중요한 것은 긍정적인 감정의 양이 아니라 부정적인 감정에 대한 비율이다'라고 했습니다.

긍정적인 감정의 효과를 얻기 위한 분기점은 긍정적인 감정과 부정적인 감정의 비율이 3:1일 때라고 합니다. 즉 하나의 부정적인 감정에 대해 3배 이상의 긍정적인 감정을 경험함으로써 긍정적인 감정의 나선형 선순환에 올라탈 수 있는 것입니다.

아이에게 부정적인 말을 했다는 느낌이 들면 긍정적인 측면을 3배 더 찾아 말해 줍시다.

결과뿐 아니라
'노력한 과정'을 칭찬하자

누구나 살면서 일이 잘 풀리지 않거나 괴로운 사건을 경험하는 순간들이 있습니다. 아이가 어렸을 때는 그런 고난을 함께 뛰어넘으며 도움을 줄 수 있을지도 모릅니다. 그러나 긴 인생 속에서 언제나 곁에 머무르며 도와줄 수도, 부모의 힘으로 모든 어려움을 제거해 줄 수도 없습니다.

그렇기에 아이의 내면에 '자기효능감'의 씨앗을 키우는 것이 필요합니다. 그를 통해 아이가 고난으로 입은 타격을 완화할 수 있기 때문입니다.

자기효능감은 '나는 할 수 있다'라는 자기 능력에 대한 신념을 의미합니다. 자기효능감이 높은 사람은 '상황을 변화시킬 수 있다!'라고 믿으므로 곤경에 처해도 극복하려는 행동을 할 수 있습니다.

'좀 어려웠지만 해냈다!'라는 성공 경험이 자기 효능감을 키워 준다
:

자기효능감을 키우는 데 대단히 좋은 촉매가 되는 것이 '성공 경험'입니다.

일전에 딸을 데리고 놀이터에 갔다가 미끄럼틀 옆에 붙어 있는 봉에서 내려오지 못하고 우물쭈물하던 어린 소년이 결심한 듯이 봉을 타고 스르륵 내려오는 순간을 목격했습니다. 공원에서 자주 보던 아이였는데, 약 2주 전부터 봉을 타고 내려가고 싶지만 겁이 나서 내려가지 못하는 모습을 보아 왔기 때문에 기쁜 마음에 저도 모르게 "드디어 성공했네!"라고 웃으며 말을 건넸습니다.

소년도 기쁜 듯이 웃는 얼굴로 돌아보며 "무섭기도 하고 긴장했는데 어제 계단에서 3단 점프에 성공했기 때문에, 이것도 할 수 있을 것 같았어요!"라고 말했습니다.

이처럼 과거의 '조금 어렵게 느꼈지만 도전하여 잘 해낸 경험'이 이상적인 성공 경험입니다. 새 도전에 대해 '틀림없이 할 수 있다'라고 생각하는 힘을 기르는 것입니다.

자기효능감을 키우는 포인트

자기효능감 이론을 처음 주장한 미국심리학회 전임 회장 앨버트 반두라Albert Bandura 박사는 자기효능감을 키우기 위해서 중요한 4가지 포인트를 제시했습니다.

① 성공 경험의 반복

앞의 소년처럼 성공 경험을 반복하는 동안 점점 '나에게는 해낼 힘이 있다!'라는 자신감이 붙습니다. 큰 목표가 있다면, 그 목표에 이르는 과정을 몇 개의 단계로 나누면 효과적입니다. 예를 들어 아이가 숙제가 너무 많아 의욕이 솟지 않는다면 우선 한 페이지를 끝내는 것을 목표로 삼는 것입니다. 한 페이지 끝낼 때마다 해냈다는 성공 경험이 쌓이고 자기효능감이 자라갑니다.

어린 자녀라면 무엇인가를 하기 전에 단계를 예측할 수 있도록 하는 것이 비결입니다. "처음에 이걸 하고 다음에는 이걸 해 보자. 그럼 그다음은 뭘 할까?"라고 물어보는 것입니다. 그러면 작은 과업을 하나하나 달성해 감으로써 포기하지 않고 끈기 있게 노력하는 힘을 기를 수 있습니다.

주의할 점은 성공 경험을 많이 쌓게 해 주고 싶은 생각이 앞서 아이가 달성했으면 하는 목표의 기준을 낮추어서는 안 된다는 것입니다. 이미 손쉽게 할 수 있는 일로 성공 경험을 쌓는다면 아이들의 의욕과 자기효능감이 향상되는 효과는 거의 기대할 수 없습니다.

또, 부모가 장애물을 제거해 줌으로써 달성하는 경험이 아니라, 스스로 장애물을 뛰어넘고 성취하는 경험이 자신감을 길러 줍니다. '(적절한 힌트와 도움으로) 조금 더 노력하면 도달할 수 있는' 곳에 목표를 두고 장애물을 뛰어넘는 경험을 하면서 목표를 달성할 수 있도록 필요한 도움을 주면서 이끌어 주는 것이 진정한 의미의 성공 경험으로 이어집니다.

② 격려의 말

잘 해낼 수 있을까 불안할 때, "너라면 할 수 있어!"라는 주위 사람의 격려가 큰 힘이 되었던 경험을 한 분도 많을 것입니다. '해낼 힘이 있다, 틀림없이 달성할 수 있다'고 누가 반복하여 말해 주면 포기하지 않고 계속 노력할 힘을 얻게 됩니다.

단, 근거나 현실성이 없는 과장된 격려는 역효과를 낼 수 있으니 주의가 필요합니다. 또 잘하고 있는 부분, 노력하고 있는 부분을 구체적인 언어로 피드백하는 것도 중요합니다. 타인과 비교하는 것이 아니라, 과거의 아이 자신과 비교하여 새롭게 할 수 있게 된 것과 계속 성장하고 있다는 사실을 말해 줍시다. "○○을 열심히 하고 있구나", "반년 전에는 어려워하던 ○○을 할 수 있게 되었네" 등 인정하는 말을 통해 아이는 '내가 처음에는 잘하지 못했지만, 조금씩 할 수 있게 되었다'는 것을 인식할 수 있습니다.

아이들은 막힘없이 잘하는 모습을 주로 상상하는 경향이 있으므로 뭔가에 실패하면 크게 낙심하기도 합니다. 그럴 때는 "새로운 일에 도전할 때, 잘하게 되기까지 시간이 걸리는 것은 당연하고 실패는 누구나 거치는 과정이야. 잘할 수 있는 방법을 함께 생각해 보자"는 식의 격려의 말을 해 주면 좋습니다.

③ 롤모델(본보기)

'저 사람도 해냈으니까 나도 할 수 있다'라고 생각할 수 있는 좋은 본보기를 가까이에서 보는 것도 자기효능감 향상으로 이어집니다. 학교에서는 같은 반 친구, 선배, 교사, 가족 내에서는 부모, 형제가 아이들의 롤 모델이 되는 경우가 많습니다. 그리고 무엇보다 부모가 역경에 대처하는 자세를 아이들은 유심히 지켜봅니다. 현재 열심히 노력하는 모습을 보이는 것도 물론 좋지만, 부모가 과거의 경험담을 들려주는 것도 대단히 좋은 본보기가 됩니다.

리듬체조에 열중하던 딸이 연습 중에 부상을 입어 대회에 못 나가게 되었을 때의 경험담을 들려준 어머니의 사례를 소개하겠습니다. 딸은 부상 때문에 당분간 연습을 할 수 없어서 "대회에 못 나갈지도 몰라……"라며 침울해하고 있었습니다. 그래서 어머니는 딸의 감정을 수용해 주고 자신의 경험도 이야기해 주었습니다.

"엄마도 중요한 시험 전에 팔을 다쳐서 꼼짝도 못하게 되었던 적이 있어. 무척 중요한 시험이었기 때문에 충격이 컸지. 결국, 그해에는 시험에 떨어졌지만, 다음 해에 다시 한번 도전해서 붙었어. 열심히 노력하고 포기하지 않으면 틀림없이 기회가 또 있을 거라고 생각했지."

딸은 그 이야기를 듣고 "엄마도 그랬어?" 하며 깜짝 놀람과 동시에 비슷한 역경을 뛰어넘은 어머니의 경험담에 크게 감동해서 무사히 부정적인 감정에서 벗어났습니다.

④ 심신의 안정

자기효능감은 긍정적인 감정 상태일 때 높아진다고 알려졌습니다. 중요한 경기나 콩쿠르, 시험 전에는 '성공한 나 자신의 모습'을 이미지화함으로써 자기 자신에게 용기를 북돋우면 긍정적인 감정을 환기하는 데 도움이 되기도 합니다.

그런데 이때, 신체가 피곤하면 평소에는 열심히 하던 일에도 소극적인 태도로 바뀌는 경우가 많습니다. 그럴 때는 '조금 쉬고 나서 다시 해도 된다'는 생각으로 잘 쉬는 것을 우선순위에 두는 것도 중요합니다. 몸과 마음은 하나니까요. 현대사회에는 휴식하는 것에 죄책감을 느끼거나 해야 할 일을 마친 후에 쉬어야 한다고 생각하는 사람이 많습니다. 그러나 능력을 발휘하려면 휴식을 통해 몸을 돌보는 일이 필수입니다. 수면 부족 상태가 계속되면 불안과 우울 경향이 높아진다는 보고도 있습니다.

성장 마인드셋을 기르는 방법

:

'실패는 새로운 일을 달성하기 위해서 누구나 거치는 과정'이라고 설명을 해 주어도 좀처럼 받아들이지 못하는 아이들도 있습니다. 미국 심리학자 캐롤 S. 드웩Carol Susan Dweck 박사가 제창한 '마인드셋'이라는 개념을 통해 그 이유가 밝혀졌습니다. 마인드셋은 개인의 행동과 태도를 결정하는 상황 해석 방식, 사고방식, 신념을 의미합니다. 캐롤 드웩 박사는 '사람은 누구나 태어났을 때는 학습자이다. 모든 아기는 호기심을 가득 품고 세계를 탐색하기 시작한다. 그러나 우리가 결과를 너무 강조한 나머지, 자발적 학습자들이 결과에 대한 두려움을 품게 되어 비 학습자가 되고 마는 일이 비일비재하다. 어떻게 하면 사람이 평생 학습자로 살아갈 수 있을까?'라는 물음을 품고 연구를 진행했습니다.

그 결괴, 다음 2가지의 마인드셋을 발견했습니다.

❶ '지능, 재능, 기량, 성격, 대인관계는 유연하고 변화할 수 있다'라고 생각하는 '성장 마인드셋'

❷ '지능, 재능, 기량, 성격, 대인관계는 고정적이고 변화할 수 없다'라고 생각하는 '고정 마인드셋'

우리는 다양한 영역에서 각각 다른 마인드셋을 가지고 있습니다. 예를 들면 "나는 공부에서는 성장 가능성이 있는데 운동은 아무리 해도 안 된다" 등 분야에 따라 다른 마인드셋을 가지기도 합니다. 인식 자체는 같은 상황에서도 어떤 마인드셋을 가졌느냐에 따라 대화 중에 사용하는 표현이 다음과 같이 각각 다릅니다.

> 고정 마인드셋을 가진 사람: "나는 ○○는 잘해/못해."
> 성장 마인드셋을 가진 사람: "○○는 잘하지는 않지만, 연습하면 실력이
> 늘 거야."
> "○○는 잘 모르지만 노력하면 이해가 될 거야."

성장 마인드셋을 가진 사람은 그 명칭대로 '자신이 가진 기량과 재능이 성장할 가능성이 있다'는 의미의 표현을 합니다. 또 자기 성격에 관해서도 고정 마인드셋을 가진 사람은 "내 성미가 급한 것은 타고난 것이니 어쩔 수 없어"라는 식으로 말하는 반면, 성장 마인드셋을 가진 사람은 "내 성격이 급하긴 한데, 참을성 있게 행동할 때도 있다. 이 부분을 더 개발하면 돼"라고 합니다.

마인드셋은 우리의 행동에 어떤 영향을 미칠까요? 다음 페이지에 나오는 도표에서 확인하실 수 있습니다.

두 가지 마인드셋이 행동을 바꾼다

고정 마인드셋
'모든 것은 고정적이다'라고 받아들인다. 그 결과는 다음과 같다.

성장 마인드셋
'모든 것은 변화할 수 있다'고 받아들인다. 그 결과는 다음과 같다.

고정 마인드셋		성장 마인드셋
과제를 회피한다	어려운 과제	과제를 받아들이고 맞이한다
쉽게 포기한다	역경과 장애물	역경을 견딘다
노력은 열매를 맺지 못하면 쓸모없다	노력	노력은 극복으로 가는 과정이다
무시한다	타인의 비판	비판에서 배운다
타인의 성공을 위협으로 느낀다	타인의 성공	타인의 성공에서 배우고 자신이 활용할 수 있는 것을 발견한다

그 결과, 정체되거나 최대한의 노력을 발휘하지 못하게 된다. 이런 경험을 통해 고정적인 사고가 더욱 견고해진다.

그 결과, 능력 이상의 결과를 내기도 한다. 이런 경험을 통해 성장 지향 마인드가 더욱 자란다.

출처: TWO MINDSETS, Carol S. Dweck, Ph.D Nigel Holme

'무의욕'의 정체

:

고정 마인드셋의 소유자는 '노력해 봐야 소용없다', '노력하는 것은 내가 무능한 인간임을 인정하는 것'이라고 생각하므로 '그것은 창피한 것'이라는 감정이 싹터 아예 '도전하지 않는' 행동을 취합니다. 앞에서 상황이나 사건에 대한 '해석'이 감정을 결정하고, 그 감정이 행동을 결정한다고 말씀드렸는데 여기에서도 그 연계성을 명확히 볼 수 있습니다.

부모는 행동만을 보고 '왜 안 하는 걸까?' 하는 의구심을 품으며 답답해하지만, 그 전제가 되는 아이의 해석과 감정을 보면 수긍이 됩니다. "자자, 빨리 해 보자!" 하고 행동만을 바꾸려고 재촉하는 말을 하지만, 아이는 의욕이 생기지 않습니다. 실제로 고정 마인드셋을 가진 아이들이 "어차피 해 봤자 안 될 텐데", "실수하면 창피하잖아" 등의 말을 하는 것을 자주 들었습니다.

이와 대조적으로, 성장 마인드셋을 가진 아이들은 '무언가를 얻으려면 노력은 필수야'라고 생각하며, 노력하는 것을 자랑스럽게 생각합니다. 물론 성장 마인드셋을 가진 아이도 실패하면 괴로움을 느끼지만 '나의 능력은 향상할 수 있다'라고 믿으므로 다시금 도전하려고 합니다.

성공했을 때와 실패했을 때의 부모의 화법

:

"우리 애는 무엇을 하든 무기력해서……. 성장 마인드셋이 자랄 것 같지가 않아요"라고 하시는 분도 계실 테지만, 걱정하지 않으셔도 됩니다. 성장 마인드셋은 키울 수 있습니다. 그 열쇠는 '성공했을 때와 실패했을 때의 부모의 화법'입니다.

예를 들어, 아이가 매일 꾸준히 공부를 열심히 하여 시험에서 100점을 받았다고 합시다. 그때 "대단해, 천재구나! 역시 재능이 있어"라고 말하는 경우가 많을 것입니다. 그러나 이런 식으로 능력과 재능을 칭찬하는 화법은 의외로 고정 마인드셋을 키우는 결과를 낳습니다. 왜냐하면, 아이들이 이런 말을 들으면 '재능이 있는지 없는지, 머리가 좋은지 안 좋은지로 나의 가치가 평가되는구나'라는 메시지를 받기 때문입니다.

성장 마인드셋을 키우기 위해서는 능력과 재능이 아니라 노력과 과정에 주목한 표현을 해 주는 것이 중요합니다.

"시험 날까지 공부 계획을 세우고 끈기 있게 공부했구나."

"매일 방과 후에 시험 공부를 열심히 했지. 100점 받은 기분이 어때?"

이와 같이 노력한 과정을 인정하는 말을 해 주면 '노력하면 능력이 자란다'라는 성장 마인드셋을 키울 수 있습니다.

성장 마인드셋을 키우는 부모의 화법

그러면 자녀가 실패하거나, 하는 일이 순조롭게 풀리지 않을 때는 어떻게 말해 주면 좋을까요? 그 핵심은 '아직'이라는 단어에 있습니다.

아이가 '잘 못했어', '실수해 버렸다'고 느낄 때 어떤 말을 해 주는 게 좋을까요?

"아직은 잘되지 않았네."

"아직 어려운 부분이 있었지."

이와 같이 말해 줍시다. 아이에게 "아직 잘되지 않았지만, 앞으로 어떻게 하면 잘할 수 있을지 생각하면서 계속 연습하면 잘하게 될 거야"라는 메시지를 전달하는 것입니다.

그와 함께 실수에서 무언가를 배우고 앞으로 어떻게 하면 좋을지 함께 생각하는 것이 성장 마인드셋을 키우는 데 좋은 훈련이 되므로 추천합니다.

누군가, 다른 사람을 생각하는 힘

중고생이 되면 성장 마인드셋을 키우는 데 한 가지 더 염두에 두었으면 하는 것이 있습니다. 그것은 개인적인 성장에 주목한 성장 마인드셋의 발전형인 '공헌 마인드셋'입니다. 공헌 마인드셋을 가진 사람은 자기가 더 성장할수록 세상에 더 큰 공헌을 할 수 있다고 생각합니다. 그리고 의미 있는 공헌을 하면서 행복과 성취감을 느낍니다.

성장 마인드셋을 통해 기른 능력은 자기만이 무언가를 얻고 경쟁에서 이기기 위해 사용하는 것이 아니라 타인을 돕기 위해서, 모두가 더 좋은 방향으로 가게 하기 위해 활용합니다. 이런 공헌 마인드셋을 통해 아이들은 강한 목적의식을 가지게 되고 그것이 역경과 어려움을 뛰어넘는 힘으로 이어집니다.

성격의 '강점'을 기르자

'자기 긍정감'이라는 말을 많이 들어보셨을 것입니다. 자신의 좋은 점, 나쁜 점 모두 자기다움으로 인정하고 자신에게 만족하는 감정 상태를 가리킵니다. 자기 긍정감이 높은 아이는 역경에 맞서는 힘이 강하다고 합니다.

자기 긍정감이 다른 아이들에 비해 낮다고 해서 무조건 비관할 일은 아닙니다. 때로는 자기 자신에게 만족하지 못하는 마음이 오히려 성장의 동력이 되기도 하기 때문입니다. 그러나 아이가 자신의 강점을 발견하지 못하고 스스로를 부정하기만 한다면 삶은 괴로울 것입니다.

아이들이 자신의 좋은 점을 발견하고 자기 긍정감을 기르는 데 필요한 것은 무엇일까요? 그 첫걸음이 되는 것은 '아이가 자기 자신을 이해하는 것'입니다.

"네? 고작 그런 거예요?", "자기에 관해서는 자기가 가장 잘 아는 거 아닌가요?"라며 반문하기 쉽지만, 실제로는 그렇지 않습니다. 아이뿐만 아니라 어른도 의외로 자기 자신을 잘 이해하지 못하는 경우가 적지 않습니다.

자기 긍정감을 기른다는 것은 '자신의 강점과 약점을 모두 이해하고 받아들이는 것'을 의미합니다. 아이들은 가족과 친구 등 가까운 사람에게 자신의 모습이 받아들여지는 과정에서 자기 긍정감을 키울 수 있게 됩니다.

또, 회복력을 키우려면 '자기 이해'가 이루어져야 합니다. 자신의 성격과 사고방식, 감정을 이해하는 능력을 키우는 것이 회복력을 기르는 중요한 요소라는 것이 연구에서 명확히 밝혀졌습니다.

그리고 회복력을 키우기 위해서는 약점을 고치는 것 이상으로 강점을 기르는 것이 중요합니다. 부모에게 "자녀의 강점이 무엇입니까?"라고 물으면 다양한 대답이 나옵니다. "착하다", "유머가 있다" 등 성격의 장점을 들거나 "달리기를 잘한다", "피아노를 잘 친다" 등 뛰어난 능력을 언급하기도 합니다.

실제로 강점의 유형은 다양합니다. 미국의 심리학자 라이언 니믹^{Ryan M. Niemiec} 박사는 강점을 크게 다음 6가지 유형으로 분류합니다.

강점의 6가지 유형

❶ 재능 : 무언가를 잘하는 타고난 능력
❷ 기량 : 훈련으로 몸에 익힌 특정 기술
❸ 관심·흥미 : 자기가 좋아하는 것, 몰입할 수 있는 것
❹ 자원(자산) : 인간관계, 생활 환경, 경제 상황 등 자신을 지원하는 외적 요소
❺ 가치관 : 자신이 소중히 여기며 행동의 지침으로 삼는 것
❻ 성격의 강점 : 긍정적인 성격 특성으로, 사고와 행동으로 발휘되는 것(호기심, 용감함, 배려, 감사 등)

출처: Ryan M. Niemiec 『Character Strengths Interventions』

이 6가지 중에서도 자기 긍정감과 관련이 높은 '성격의 강점'에 관해 깊이 살펴보고자 합니다. 성격의 강점은 본인과 주위 사람들에게 좋은 영향을 주는 긍정적인 특성을 가리킵니다. 이것은 평소의 사고방식과 행동으로 드러나고, 기량과 재능 등과 함께 강점의 핵심이 됩니다. 역경과 난관을 뛰어넘는 데도 큰 힘을 발휘합니다.

성격의 강점에 관한 과학적 연구가 긍정심리학의 틀 안에서 시작된 지 약 20년이 지났습니다. 그동안 일과 교육, 인간관계 등 다양한 영역에서 강점을 의식적으로 활용하면 유익한 결과를 얻을 수 있다는 것이 밝혀졌습니다.

예를 들면, 인생 만족도와 자기 긍정감 향상, 우울증 위험 저하, 회복력 육성과 강화, 학교 적응력 향상, 학습 태도 개선 등 여러 면에서 유익한 점이 있다는 것입니다. 또 아이들의 마음의 힘을 키울 뿐만 아니라 학업에도 좋은 영향을 미친다는 것이 밝혀졌습니다. 부모가 자녀의 강점에 주목하면 자녀의 행복도가 상승하고 스트레스가 감소하는 경향이 있다는 연구 보고도 있습니다.

아이들의 성격의 강점을 키우는 첫걸음은 부모가 성격의 강점에 관해 깊이 이해하는 것입니다. 'VIA[Value in Action] 프로젝트'라고 불리는 긍정심리학 강점 연구 성과에 의해 규정된 24가지 강점 목록은 매우 도움이 되는 도구입니다.

다음 페이지의 목록을 살펴보고, 본인에게는 어떤 강점이 있는지 부모와 자녀가 각각 표시해 봅시다.

부모와 자녀가 함께 체크! 24가지 '강점' 목록

호기심

**무엇에든 관심을 가지는 탐험가 유형.
정보 수집과 발견을 좋아한다**

부모	자녀	
☐	☐	새로운 것을 발견하는 걸 좋아한다
☐	☐	"왜일까?" 하는 물음이 바로 머리에 떠오른다
☐	☐	정보를 모으는 데 적극적이다

이렇게 말해 주세요!

새로운 발견을 해냈구나.
다양한 것에 관심이 있구나.

학구열

**새로운 지식을 익히고 능력을 높이려는
의욕이 높다**

부모	자녀	
☐	☐	아는 것도 깊이 파고들어 연구한다
☐	☐	배움의 기회와 장소를 좋아한다
☐	☐	모르는 것을 배우기를 좋아한다

이렇게 말해 주세요!

끈기 있게 잘 연구했구나.
척척박사구나.

창의성

독창적인 생각을 잘한다

부모	자녀	
☐	☐	새로운 아이디어를 생각하는 것을 좋아한다
☐	☐	기존 방식을 개선하고자 궁리한다
☐	☐	모두가 깜짝 놀랄 만한 일을 잘 생각해 낸다

이렇게 말해 주세요!

어디에도 없는 아이디어네.
잘 생각해 냈구나.

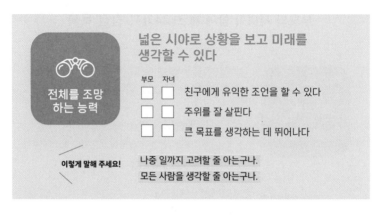

전체를 조망
하는 능력

넓은 시야로 상황을 보고 미래를
생각할 수 있다

부모	자녀	
☐	☐	친구에게 유익한 조언을 할 수 있다
☐	☐	주위를 잘 살핀다
☐	☐	큰 목표를 생각하는 데 뛰어나다

이렇게 말해 주세요!

나중 일까지 고려할 줄 아는구나.
모든 사람을 생각할 줄 아는구나.

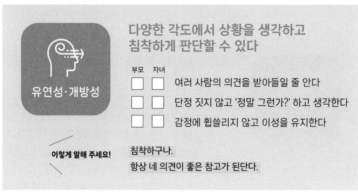

유연성·개방성

다양한 각도에서 상황을 생각하고
침착하게 판단할 수 있다

부모	자녀	
☐	☐	여러 사람의 의견을 받아들일 줄 안다
☐	☐	단정 짓지 않고 '정말 그런가?' 하고 생각한다
☐	☐	감정에 휩쓸리지 않고 이성을 유지한다

이렇게 말해 주세요!

침착하구나.
항상 네 의견이 좋은 참고가 된단다.

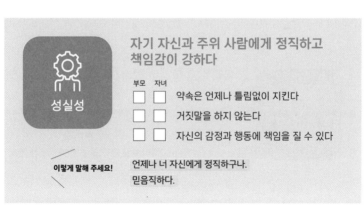

성실성

자기 자신과 주위 사람에게 정직하고
책임감이 강하다

부모	자녀	
☐	☐	약속은 언제나 틀림없이 지킨다
☐	☐	거짓말을 하지 않는다
☐	☐	자신의 감정과 행동에 책임을 질 수 있다

이렇게 말해 주세요!

언제나 너 자신에게 정직하구나.
믿음직하다.

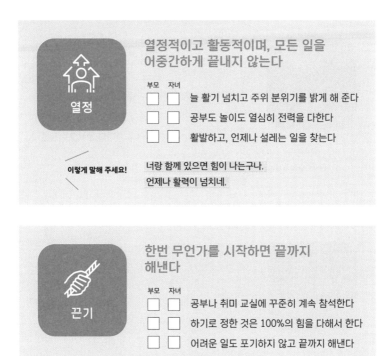

열정

열정적이고 활동적이며, 모든 일을 어중간하게 끝내지 않는다

부모 자녀
- ☐ ☐ 늘 활기 넘치고 주위 분위기를 밝게 해 준다
- ☐ ☐ 공부도 놀이도 열심히 전력을 다한다
- ☐ ☐ 활발하고, 언제나 설레는 일을 찾는다

이렇게 말해 주세요!
너랑 함께 있으면 힘이 나는구나.
언제나 활력이 넘치네.

끈기

한번 무언가를 시작하면 끝까지 해낸다

부모 자녀
- ☐ ☐ 공부나 취미 교실에 꾸준히 계속 참석한다
- ☐ ☐ 하기로 정한 것은 100%의 힘을 다해서 한다
- ☐ ☐ 어려운 일도 포기하지 않고 끝까지 해낸다

이렇게 말해 주세요!
끝까지 잘 해냈구나.
마지막까지 열심히 하다니 대단하네.

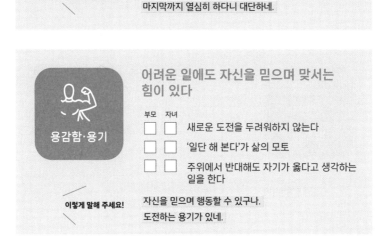

용감함·용기

어려운 일에도 자신을 믿으며 맞서는 힘이 있다

부모 자녀
- ☐ ☐ 새로운 도전을 두려워하지 않는다
- ☐ ☐ '일단 해 본다'가 삶의 모토
- ☐ ☐ 주위에서 반대해도 자기가 옳다고 생각하는 일을 한다

이렇게 말해 주세요!
자신을 믿으며 행동할 수 있구나.
도전하는 용기가 있네.

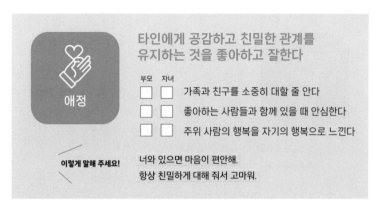

애정

타인에게 공감하고 친밀한 관계를
유지하는 것을 좋아하고 잘한다

부모 자녀
☐ ☐ 가족과 친구를 소중히 대할 줄 안다
☐ ☐ 좋아하는 사람들과 함께 있을 때 안심한다
☐ ☐ 주위 사람의 행복을 자기의 행복으로 느낀다

이렇게 말해 주세요!
너와 있으면 마음이 편안해.
항상 친밀하게 대해 줘서 고마워.

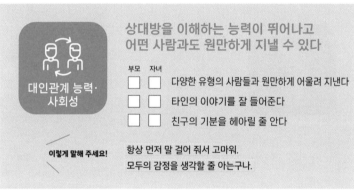

대인관계 능력·사회성

상대방을 이해하는 능력이 뛰어나고
어떤 사람과도 원만하게 지낼 수 있다

부모 자녀
☐ ☐ 다양한 유형의 사람들과 원만하게 어울려 지낸다
☐ ☐ 타인의 이야기를 잘 들어준다
☐ ☐ 친구의 기분을 헤아릴 줄 안다

이렇게 말해 주세요!
항상 먼저 말 걸어 줘서 고마워.
모두의 감정을 생각할 줄 아는구나.

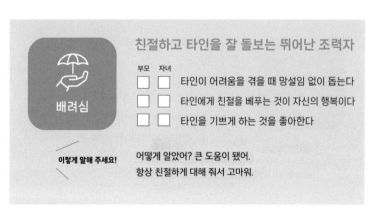

배려심

친절하고 타인을 잘 돌보는 뛰어난 조력자

부모 자녀
☐ ☐ 타인이 어려움을 겪을 때 망설임 없이 돕는다
☐ ☐ 타인에게 친절을 베푸는 것이 자신의 행복이다
☐ ☐ 타인을 기쁘게 하는 것을 좋아한다

이렇게 말해 주세요!
어떻게 알았어? 큰 도움이 됐어.
항상 친절하게 대해 줘서 고마워.

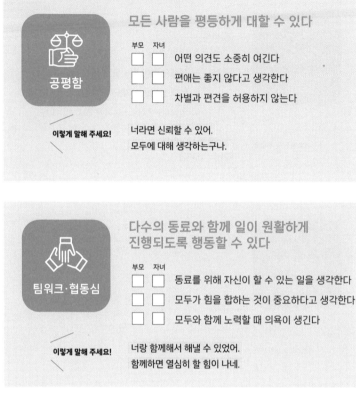

공평함

모든 사람을 평등하게 대할 수 있다

부모 자녀
☐ ☐ 어떤 의견도 소중히 여긴다
☐ ☐ 편애는 좋지 않다고 생각한다
☐ ☐ 차별과 편견을 허용하지 않는다

이렇게 말해 주세요!

너라면 신뢰할 수 있어.
모두에 대해 생각하는구나.

팀워크·협동심

**다수의 동료와 함께 일이 원활하게
진행되도록 행동할 수 있다**

부모 자녀
☐ ☐ 동료를 위해 자신이 할 수 있는 일을 생각한다
☐ ☐ 모두가 힘을 합하는 것이 중요하다고 생각한다
☐ ☐ 모두와 함께 노력할 때 의욕이 생긴다

이렇게 말해 주세요!

너랑 함께해서 해낼 수 있었어.
함께하면 열심히 할 힘이 나네.

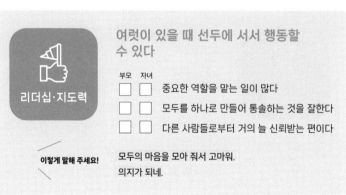

리더십·지도력

**여럿이 있을 때 선두에 서서 행동할
수 있다**

부모 자녀
☐ ☐ 중요한 역할을 맡는 일이 많다
☐ ☐ 모두를 하나로 만들어 통솔하는 것을 잘한다
☐ ☐ 다른 사람들로부터 거의 늘 신뢰받는 편이다

이렇게 말해 주세요!

모두의 마음을 모아 줘서 고마워.
의지가 되네.

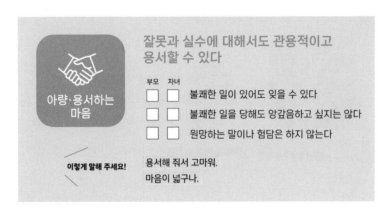

아량·용서하는 마음

잘못과 실수에 대해서도 관용적이고 용서할 수 있다

부모 자녀
☐ ☐ 불쾌한 일이 있어도 잊을 수 있다
☐ ☐ 불쾌한 일을 당해도 앙갚음하고 싶지는 않다
☐ ☐ 원망하는 말이나 험담은 하지 않는다

이렇게 말해 주세요! 용서해 줘서 고마워.
마음이 넓구나.

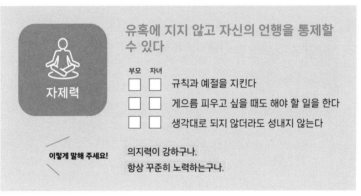

자제력

유혹에 지지 않고 자신의 언행을 통제할 수 있다

부모 자녀
☐ ☐ 규칙과 예절을 지킨다
☐ ☐ 게으름 피우고 싶을 때도 해야 할 일을 한다
☐ ☐ 생각대로 되지 않더라도 성내지 않는다

이렇게 말해 주세요! 의지력이 강하구나.
항상 꾸준히 노력하는구나.

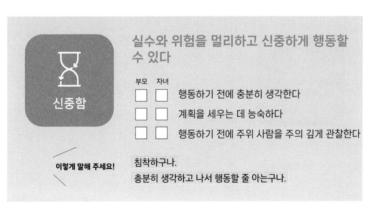

신중함

실수와 위험을 멀리하고 신중하게 행동할 수 있다

부모 자녀
☐ ☐ 행동하기 전에 충분히 생각한다
☐ ☐ 계획을 세우는 데 능숙하다
☐ ☐ 행동하기 전에 주위 사람을 주의 깊게 관찰한다

이렇게 말해 주세요! 침착하구나.
충분히 생각하고 나서 행동할 줄 아는구나.

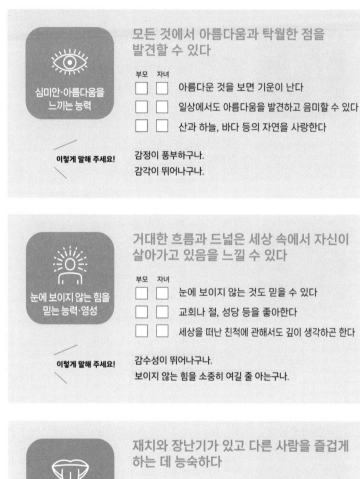

심미안·아름다움을 느끼는 능력

모든 것에서 아름다움과 탁월한 점을 발견할 수 있다

부모　자녀

- [ ] [ ] 아름다운 것을 보면 기운이 난다
- [ ] [ ] 일상에서도 아름다움을 발견하고 음미할 수 있다
- [ ] [ ] 산과 하늘, 바다 등의 자연을 사랑한다

이렇게 말해 주세요!

감정이 풍부하구나.
감각이 뛰어나구나.

눈에 보이지 않는 힘을 믿는 능력·영성

거대한 흐름과 드넓은 세상 속에서 자신이 살아가고 있음을 느낄 수 있다

부모　자녀

- [ ] [ ] 눈에 보이지 않는 것도 믿을 수 있다
- [ ] [ ] 교회나 절, 성당 등을 좋아한다
- [ ] [ ] 세상을 떠난 친척에 관해서도 깊이 생각하곤 한다

이렇게 말해 주세요!

감수성이 뛰어나구나.
보이지 않는 힘을 소중히 여길 줄 아는구나.

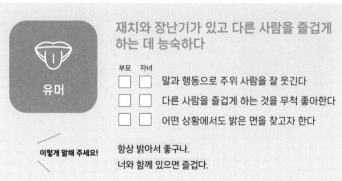

유머

재치와 장난기가 있고 다른 사람을 즐겁게 하는 데 능숙하다

부모　자녀

- [ ] [ ] 말과 행동으로 주위 사람을 잘 웃긴다
- [ ] [ ] 다른 사람을 즐겁게 하는 것을 무척 좋아한다
- [ ] [ ] 어떤 상황에서도 밝은 면을 찾고자 한다

이렇게 말해 주세요!

항상 밝아서 좋구나.
너와 함께 있으면 즐겁다.

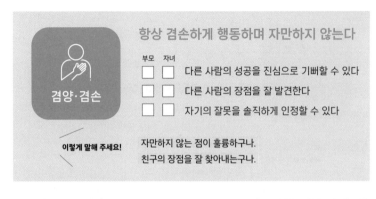

항상 겸손하게 행동하며 자만하지 않는다

겸양·겸손

부모	자녀	
☐	☐	다른 사람의 성공을 진심으로 기뻐할 수 있다
☐	☐	다른 사람의 장점을 잘 발견한다
☐	☐	자기의 잘못을 솔직하게 인정할 수 있다

이렇게 말해 주세요!
자만하지 않는 점이 훌륭하구나.
친구의 장점을 잘 찾아내는구나.

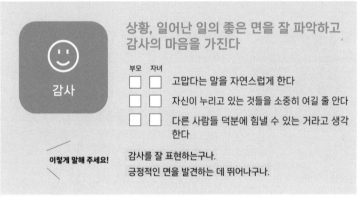

상황, 일어난 일의 좋은 면을 잘 파악하고 감사의 마음을 가진다

감사

부모	자녀	
☐	☐	고맙다는 말을 자연스럽게 한다
☐	☐	자신이 누리고 있는 것들을 소중히 여길 줄 안다
☐	☐	다른 사람들 덕분에 힘낼 수 있는 거라고 생각한다

이렇게 말해 주세요!
감사를 잘 표현하는구나.
긍정적인 면을 발견하는 데 뛰어나구나.

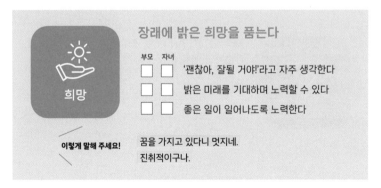

장래에 밝은 희망을 품는다

희망

부모	자녀	
☐	☐	'괜찮아, 잘될 거야!'라고 자주 생각한다
☐	☐	밝은 미래를 기대하며 노력할 수 있다
☐	☐	좋은 일이 일어나도록 노력한다

이렇게 말해 주세요!
꿈을 가지고 있다니 멋지네.
진취적이구나.

Peterson, C., & Seligman, M. E. P. (2004). 「Character strengths and virtues: A handbook and classification」
New York: Oxford University Press and Washington, DC: American Psychological Association
※ 위 서적을 참고로 필자가 번역 및 각색하여 작성함
ⓒ Japan Positive Education Association

자각하지 못한 강점을 발굴하자

:

어떠셨나요? 자녀와 자신의 '강점'을 발견하셨나요?

표시한 항목이 많은 상위 5가지 강점 중 '진짜 나 같다'는 생각이 드는 것이 자신을 특징 짓는 강점이라고 판단하시면 됩니다.

긍정교육협회의 강좌에서 이 24가지의 강점을 소개하면 "앗! 이것도 강점이에요?"라며 놀라시는 분들도 많습니다. 그런 특징이 '강점'이라고 스스로 인식해 본 적이 없기 때문일 것입니다. 강점의 종류와 의미를 알아가면서 사람에게는 다양한 강점이 있다는 것도 이해할 수 있게 됩니다.

이 '24가지 강점 목록'에서 표시했더라도 '아무리 해도 강점을 찾을 수 없었다', '잘 모르겠다'라고 하시는 분이라면 '방해꾼'이 강점을 찾는 것을 방해하고 있는 건지도 모릅니다.

'부정 편향'이라는 말을 기억하시나요? 우리는 좋은 것보다는 못하는 것, 잘되지 않는 것에 의식을 집중하기 쉽다는 개념이었습니다. 무의식중에 부정적인 정보가 아이의 강점을 보는 눈을 가려 버리는 경우가 많은 것이지요. 이런 편향에서 탈피하여 강점을 발견하기 위해서는 일상생활 속에서 '이 아이의 강점은 무엇일까?'라는 관점을 확실히 가지고 의식적으로 아이를 관찰할 필요가 있습니다. 강점을 볼 수 있는 '강점 안경'을 쓰는 것입니다.

성격의 강점은 눈에 보이지 않기 때문에 딱 꼬집어 말하기 어려울지도 모릅니다. 그러나 아이의 언행을 잘 관찰하면 다양한 신호를 포착할 수 있습니다.

또 부정 편향 이외에도 강점을 보지 못하게 하는 눈가리개가 부모의 눈에 씌워질 때가 있습니다. 바로 '자신의 성격 중 받아들이기 힘든 면이 아이에게서 보일 때'입니다.

예를 들면 저는 수줍음을 많이 타는 제 성격이 싫어서 수용하기 힘들었던 시기가 있었습니다. 그 영향으로, 딸이 새로운 곳에 적응하는 데 시간이 오래 걸리는 모습을 보고는 '어떻게든 해야 해!' 하고 약점을 제거하는 쪽으로 접근하는 시행착오를 겪은 적이 있습니다. 그러나 어느 순간, '나 자신이 인정하고 싶지 않은 특성을 내가 딸에게서 보고 있다'라는 사실을 깨달았습니다. 그 후부터는 딸의 행동을 겸손함의 표출로 새롭게 인식하여 딸의 강점 중 하나로 받아들일 수 있게 되었습니다.

이처럼 부모는 자신이 콤플렉스로 여기는 성격을 자녀에게서 볼 때 받아들이기 어렵게 마련입니다. 그러나 제 딸의 경우처럼 실제로 그 성격은 '강점'의 표출일 가능성도 있습니다. 콤플렉스라는 편향된 시각으로 아이를 보고 있지는 않은지 잘 생각하며 다시 한번 새로운 관점으로 아이를 관찰해 보세요.

그러기 위해 강점을 발견하는 3가지 포인트를 알려 드리겠습니다.

강점 발견 포인트 ① 잘할 수 있다 + 자주 한다 + 에너지가 솟는다

강점 연구 분야의 일인자인 영국 심리학자 알렉스 린리[Alex Linley] 박사는 "강점이란 단지 잘할 수 있는 것만을 의미하는 것은 아니다. 자기다움을 느끼고 에너지가 솟아오르며 최대한의 능력이 발휘되고 높은 성과가 나타나게 해 주는 것도 강점이다"라고 말했습니다.

또 호주 멜버른 대학교의 리아 워터스[Lea Waters] 박사는 아이가 '잘할 수 있는 것(특기)', '자주 하는 것(빈도)', '에너지가 솟는 것(열정)'의 3가지가 겹치는 곳에 강점이 있다고 말합니다. 이것은 성격의 강점뿐만 아니라 기량 면에서의 강점을 발견할 때도 사용할 수 있는 방법입니다. 이 3가지 중에서 하나라도 없다면 '강점'의 결정적 요소가 빠진 것입니다. 예를 들어, 능숙하게 잘하기는 하지만, 하면 피곤하고 힘이 나지 않는 것은 '강점'이라고 할 수는 없습니다.

강점 발견 포인트 ② 주위 사람에게 물어본다

많은 사람이 자신의 강점은 모르지만 다른 사람의 강점은 잘 안다고 말합니다. 주위 사람이 알려 주는 강점은 자기가 예상한 것과 일치할 때도 있지만 전혀 예상하지 못한 것일 수도 있습니다. 많은 사람에게 물어봤는데 자기 생각과 같은 답을 준 경우는 그 강점이 주위 사람들에게 전해졌다는 의미입니다. 다르다면 자기에게는 보이지 않는 새 강점이 늘었다는 의미입니다.

아이들에게 말해 주면 "아, 그런 거 싫어요"라고 특정한 강점을 부인하는 경우도 있습니다. 그럴 때는 그 강점이 얼마나 당사자와 타인에게 좋은 영향을 주는지 설명해 줍시다. 예를 들어, 아이가 "성실하구나"라는 말을 듣는 것에 거부감을 느끼고 '성실한 건 분위기를 깨는 것', '재미없는 것'이라고 여긴다고 합시다. 그럴 때는 "성실하다는 것은 주어진 일에 열심히 임한다는 뜻이고 다른 사람들로부터 신뢰를 받는다는 거야"라고 자신과 타인에게 주는 좋은 영향을 알려 주세요. 그러면 성실함을 자신의 '강점'으로 인정하고 성실한 특성을 가진 자기 자신을 좋아하게 될 것입니다.

강점 발견 포인트 ③ 무언가를 잘했을 때 사용한 강점을 떠올려본다

자녀와 부모 자신이 어떤 일을 잘해냈을 때를 떠올려보세요. 그리고 그때 어떤 강점을 사용했는지 생각해 보세요. 무언가를 성공적으로 해냈을 때 무의식중에 강점을 발휘하는 일이 많습니다.

소속 야구팀과 학생회에서 활기 넘치게 활동하고 동료들이 잘 따르는 아이가 있다면 그 아이의 강점은 지도력(리더십)과 팀워크(협동심)라는 것을 쉽게 알 수 있습니다. 물론 매일의 생활 속에서 모든 것을 잘할 수는 없지만, 잘하고 있는 것들을 모아서 보면 강점이 보입니다.

각자의 강점을 고려한 화법을 사용하자

:

'강점'을 발견했다면 다음으로 그 강점을 아이에게 전해 줍시다. 전달할 때의 요령은 '강점'에 맞추어 말하는 것입니다.

어느 날, 제 딸을 데리고 공원에 놀러 갔을 때의 일입니다. 공원 개울에서 올챙이를 잡으려고 하는 삼 남매와 마주쳤습니다. 가장 위의 누나는 맨손으로 올챙이를 잡으려 한다며, "한 시간이나 이 개울에서 올챙이를 잡으려고 하는데 아직 하나도 못 잡았어요"라고 말했습니다. 둘째인 남동생은 빈 페트병을 사용하여 누나 쪽으로 올챙이를 몰아 주려고 물을 흘려 주며 협조하고 있었습니다.

잠시 후, 막내 남동생이 조금 떨어진 곳에 있는 어머니에게 가서 "곤충 채집망 없어요?" 하고 물었습니다. 여태까지의 방법으로는 올챙이를 잡을 수 없다고 판단하여 다른 방법을 생각해 낸 듯했습니다.

그러고 나서 얼마 지나지 않아 3명 모두 무사히 올챙이를 잡을 수 있었습니다. 모두 흐뭇한 표정이었습니다.

자, 여러분이 이 삼 남매의 어머니였다면 그 모습을 보고 아이들 각자에게 어떤 말을 해 주시겠습니까? "올챙이 잡아서 좋겠네!"라고만 하면 아이들에게 각자의 강점을 자각시킬 기회를 잃게 됩니다. 강점에 주목한 화법을 사용한다면, 누나에게는 "끝까지 포기하지 않고 해냈구나!"라고 끈기 있게 노력한 것을 강점으로 전달할 수 있습니다. 그리고 누나를 도와주려고 애쓴 남동생에게는 "네가 잘 도와줘서 성공했네!"라고 팀워크·협조성이라는 강점이 있음을 전달할 수 있겠지요. 마지막으로 막내 남동생에게는 "새로운 아이디어를 잘 생각해 냈구나!"라고 창의성이라는 강점을 알려 줄 수 있습니다.

같은 일을 하더라도 아이들 각자가 나타내는 '강점'은 각각 다릅니다. 그 강점을 더욱 효과적으로 키우기 위해서는 아이에 따라 해 주는 말의 내용도 각기 달라야 합니다.

아이의 '강점'에 주목한 화법

삼 남매	강점	강점을 키워 주는 말(어머니)
맨손으로 한 시간 이상 올챙이를 잡으려고 노력한 누나	끈기	끝까지 포기하지 않고 해냈구나!
페트병으로 누나 쪽으로 올챙이를 유도한 남동생	팀워크·협조성	누나를 잘 도와줘서 잘 잡았구나!
곤충 채집망을 사용하는 방법을 생각해 낸 막내 남동생	창의성	새로운 아이디어를 잘 생각해 냈구나!

이처럼 같은 목적을 이루려고 노력한 아이들에게도 각자의 행동과 과정을 관찰하여 각자가 사용한 강점을 구체적으로 전달하

는 말을 해 주어야 한다는 것을 명심하세요. 왜냐하면, 강점은 인식하고 사용할수록 강화되기 때문입니다. 부모가 자녀의 강점을 발견하고 그것을 말로 표현하여 전달하면 자녀에게 '부모님이 내 행동을 지켜보고 있다', '내 장점을 발견해 주었다'라는 것을 깨닫는 기쁨을 줄 수 있습니다.

강점이 문제 행동으로 나타날 수도 있다

자기다운 강점을 발휘했는데 주위 사람을 난처하게 하는 사례도 있습니다. 예를 들어, '유머'라는 강점이 과도하게 나타나 "장난이 너무 심해!"라고 야단을 맞거나 '겸양·겸손'이 너무 지나쳐 자기 의견을 밝히는 데 소극적이어서 "넌 의견이 없니?"라고 핀잔을 듣는 일도 있습니다. 이럴 때 아이들은 자기다움을 부정당하는 듯한 느낌을 받을 수 있습니다. 그래서 부모는 아이가 자기다운 강점을 발휘하는 것 자체가 문제여서가 아니라 그것을 발휘하는 방식에 문제가 있을 때 이런 경우가 발생하는 것임을 알아두어야 합니다.

이전에 대안학교에 근무할 때, 지도력과 리더십을 강점으로 가진 아이가 있었습니다. 어느 날, 그 아이는 어떤 프로젝트를 진행하면서 모두를 이끌어 가려고 애쓰며 지시를 내렸는데 다른 아이들 몇 명이 "명령받는 것 같아 불쾌하다"라고 반발했습니다.

이럴 때는 주위의 어른이 그 아이에게 부정적인 꼬리표를 붙이지 말고 '지도력을 강점으로 가지고 있는 아이인데 그것을 과하게 사용했다'고 생각해 주세요. 강점은 자연스럽게 발휘되는 것이므로 과하게 표출되는 경우도 흔히 볼 수 있습니다.

"네 강점인 리더십을 활용해서 모두를 항상 잘 이끌어 주어 고마워. 늘 크게 도움이 되었어. 그런데 이번에는 모두에게 지시를 많이 내리니까 싫어하는 아이들도 꽤 있는 것 같더구나. 이유가 뭘까?"

이런 식으로 물어보면서 본인의 감정과 행동의 의도를 돌아보게끔 하는 것이 중요합니다. 그러고 나서 "리더십은 사람들을 이끄는 것일 뿐 아니라 모두의 감정을 고려하며 지켜보는 것이기도 하단다"라고 말해 주어 강점을 발휘할 수 있는 다른 방식을 알려 주는 것도 도움이 됩니다. 자신이 가진 강점은 있는 그대로 소중히 여기면서도 상황에 알맞게 어느 정도로, 어떤 식으로 강점을 활용할지는 경험을 통해 배울 필요가 있습니다.

아이들은 이런 경험을 직접 하거나 어른들이 적절하게 해 주는 충고를 듣고 강점을 제대로 발휘하는 방법을 익혀 갈 수 있습니다.

강점을 발휘하지 못할 때

강점을 너무 많이 사용하는 것(과다 사용)과 반대로 강점을 발휘하지 못하는 경우(과소 사용)도 흔합니다. 이 경우, 발휘하지 못하고 있는 강점 자체를 기를 수도 있고, 다른 강점을 활용하여 해결할 수도 있습니다.

예를 들어 초등학교 3학년 소녀 지호는 꽃을 무척 좋아하여 학급에서 '교실 돌봄 담당'을 맡고 싶었습니다. 하지만 용기가 나지 않아 처음에 손을 들 수가 없었습니다. 그때 '화분 돌봄 담당을 맡을 수 있으면 무척 즐겁겠다'고 생각하는 '희망'이라는 강점을 발휘하여 손을 들었습니다. '용기'라는 강점이 발현되지 않은 대신에 '희망'이라는 다른 강점을 발휘하여 문제를 해결한 것입니다. 24가지 강점은 정도의 차이는 있겠지만 모두가 가지고 있고, 기를 수도 있습니다. 특정 강점이 발휘되지 않을 때는 다른 강점을 활용하거나 발휘하지 못한 강점을 더 키우는 활동을 하면 어떤 강점이라도 길러서 사용할 수 있게 됩니다.

자기 긍정감이 낮은 아이에게는 '숨은 강점'을 알려 주자

지금까지 일반 학급부터 적응 지도 교실까지 다양한 환경과 심리 상태에 있는 아이들에게 회복력 교육을 시행해 왔습니다.

그중에는 자신감이 낮아서 "너의 강점은 이거야"라고 말해 주어도 좀처럼 받아들이지 못하는 아이도 있었습니다. 그런 경우에는 "사실은 네가 싫어하거나 부정적으로 생각하는 성격 중에도 강점이 숨어 있단다"라고 알려 주면서 이야기를 진전시키기도 했습니다.

예를 들어 걸핏하면 화를 내고 고집이 센 사람은 반대로 생각하면 열정적이고 정의감이 강하다고 할 수도 있습니다. 자신감이 없는 사람은 역으로 생각하면 남의 말을 순순히 귀담아듣고 자신을 돌아보는 능력이 있다고도 할 수 있습니다. 걱정이 많은 사람은 신중하고 배려심이 있으며 앞을 내다보는 능력이 있다고도 할 수 있습니다.

그러니 자신에 대해 부정적인 감정을 가진 아이에게는 "단점으로 느껴지는 부분도 관점을 바꿔 보면 긍정적인 측면이 있단다"라고 알려 주세요. 끈기 있게 말해 주다 보면 아이가 자기 '강점'을 받아들일 수 있게 될 것입니다.

또 중고생의 경우, 자기다운 모습을 표출했다가 부정당한 경험이 있으면 강점을 좀처럼 발견하기 어려울 수가 있습니다. 강점이 묻혀 버리는 경우도 종종 있기 때문입니다. 묻혀 있는 강점을 반드시 함께 발굴해 주세요.

가족의 유대감을 강화하자

행복하고 건실하게 인생을 살아가기 위한 필수 요건은 주위 사람과 좋은 관계를 맺는 것입니다. 실제로 '행복감이 큰 사람은 양호한 인간관계를 유지하고 활발한 사회생활을 영위한다'는 보고가 다수 있습니다.

또 하버드대학교 아동발달센터Center on the Developing Child에 의하면 '어린이가 회복력을 기르는 데 가장 중요한 요인은 부모, 양육자 혹은 다른 어른 중 최소한 누군가 한 명과 깊고 안정적인 인간관계를 맺는 것'이라고 합니다.

최근의 코로나 감염증 대유행처럼 지금까지의 가치관이나 삶의 방식을 크게 바꿀 수밖에 없는 어려운 시기에도 누군가와 연결되어 있다는 유대감이 있으면 그 고비를 뛰어넘을 수 있고, 어려움을 겪으며 큰 상처를 받았더라도 무사히 회복할 수 있습니다.

그렇다면 이 유대감은 어떻게 자라는 것일까요? 마음의 힘을 강하게 키워 주는 부모와 자녀 간의 유대에 관해 살펴보겠습니다.

부모는 아동의 안전 기지가 된다

원래 '애착'은 갓난아기와 양육자 간에 싹트는 마음의 유대를 가리키는 말이라는 것을 아시나요? 영국의 심리학자이자 정신분석학자인 존 볼비^{John Bowlby}가 제창한 말입니다.

안정적인 애착의 형성은 사람에 대한 신뢰감과 안정감을 키워 줍니다. '이 세상은 안심할 수 있는 장소이고 힘든 일이 생겼을 때는 도움을 받을 수 있다'라는 신뢰감입니다. 그리고 이후의 발달부터 인간관계에 이르기까지 큰 영향을 미친다고 알려졌습니다. 안정적인 애착을 구축한 아이는 성장하여 부모 슬하를 떠난 후 불안을 주는 사건에 직면하더라도 마음이 안정된 상태에서 행동할 수 있습니다.

안정적인 애착을 구축하려면 '포옹' 등의 스킨십, '배가 고파서 울 때 수유' 등, 아기가 보내는 신호에 알맞게 응답해야 합니다. 응답받는 경험을 통해 아이는 양육자에게 특별한 결속감을 느낍니다. 이 경험이 반복되면 아기는 양육자가 자신을 안심하게 해 주는, 신뢰할 수 있는 안전한 존재라고 확신하게 됩니다. 이런 확신이 생기면 양육자 슬하에서 벗어나 탐구에 나서게 됩니다.

미국의 심리학자 메리 애인스워스^{Mary Ainsworth}는 안정된 애착을 구축하는 양육자의 존재를 '안전 기지^{Secure Base}'라고 표현했습니다. 사람에게는 본래 관심 있는 것을 탐구하고자 하는 욕구가 있습니다. 아이는 안전 기지에서 출발하여 관심 있는 것을 보러 가거나 새로운 것에 도전함으로써 자기 세계를 넓혀갑니다.

양육자는 조금 떨어진 곳에서 아이가 필요로 하는 도움을 제공하며 아이의 모험을 지켜봅니다. 절대로 걱정하는 마음으로 아이 주위를 맴도는 것이 아닙니다. 필요 이상의 도움을 주거나 앞질러 가는 것도 아닙니다. 아이가 필요로 할 때 언제든지 이용할 수 있는 기지로서 만반의 준비를 하는 것입니다. 양육자가 지켜보는 가운데 아이는 자기의 감정을 회복하는 경험을 합니다. 안심하고 어려움을 뛰어넘을 힘을 길러갈 수 있는 것입니다. 아이가 성장함에 따라 양육자는 더 큰 세계로 발돋움하는 아이를 지켜보는 일이 많아질 것이고 '아이를 믿어 주는 힘'을 시험받게 될 수도 있습니다.

물론 아이의 모험이 순조롭지 않거나 불안을 느낄 때도 있을 것입니다. 하지만 아이는 그런 경험을 거듭하면서 양육자에 대한 신뢰감을 키워 갑니다.

'안전 기지로 돌아가면 꼭 껴안아 주고 받아주겠지.'

'모험을 떠난다고 말하면 나를 믿어 주고 지켜봐 줄 거야.'

이것은 유소년기에만 해당하는 것은 아닙니다. 매일 건네는 "잘 다녀오렴", "잘 다녀왔니?"와 같은 인사말에 이런 메시지를 담아 전해 보세요.

인간관계에 큰 도움이 되는 3가지 열쇠

아이가 양육자 슬하를 떠나 사회생활을 영위하게 되면 이번에는 친구 및 동료와의 인간관계가 회복력을 키우는 데 큰 영향을 미치게 됩니다.

일로나 보니웰 박사는 이때 아이들이 익혀 두면 좋을 만한, 양호한 인간관계를 쌓는 데 중요한 요소로 '감사', '용서', '공감'을 제시합니다.

감사하는 마음을 품고, 이것을 "고마워"라고 표현하다 보면 다양한 이점을 얻게 된다는 것이 연구를 통해 증명되었습니다. 캘리포니아대학교 데이비스 캠퍼스UC Davis의 긍정심리학자 로버트 에먼스Robert Emmons 박사는 연구를 통해 '감사하는 사람은 감사하지 않는 사람에 비해, 기쁨, 열정, 사랑, 행복, 낙관성 등 긍정적인 감정을 자주 느낀다. 그리고 매일의 스트레스에 효과적으로 대처할 수 있고 강한 스트레스에 직면할 때도 더 높은 회복력을 보였다'라고 보고한 바 있습니다.

즉, 일상 속에서 감사의 마음을 품으면 긍정적인 감정을 느낄 수 있을 뿐 아니라 회복력도 높아진다는 것을 알 수 있습니다.

아이에게 감사의 마음을 키워 주는 방법은 우선 부모가 좋은 본보기가 되는 것입니다.

예를 들어 아이가 부모를 도와주었을 때 "도와주다니 기특하구나"라고 말하는 대신에 "엄마가 바빠 보인다고 생각했구나. 도와줘서 고마워"라고 말하면 아이에게 '배려'의 강점이 있다는 것을 전달하면서도 감사의 마음을 표현할 수 있습니다. 작은 도움에도 기회를 보아 "고마워"라고 말해 주세요. 이런 말을 반복해서 듣다 보면 아이도 스스로 감사의 마음을 전하는 것이 습관이 됩니다. 일상생활 속에서 사소한 일도 '당연한 것'으로 여기지 않고 감사의 마음을 가질 수 있게 될 것입니다.

인간관계 구축에 중요한 요소 중 두 번째는 '용서'입니다. 용서는 대단히 어려운 주제입니다. 특히 사춘기에 접어들면 교우관계도 복잡해지고 용서하는 힘이 필요한 상황에 직면할 일이 많아집니다. 배신과 굴욕을 겪으면 대부분 상대를 피하거나 복수를 결심하며 그 사람과의 인간관계를 파괴해 버리곤 합니다. 불합리한 행동을 용서하는 것은 누구에게나 힘든 일입니다. 아이가 집에 와서 "친구에게 기분 나쁜 말을 들었어! 절대 용서 못 해!"라고 말한다면 어떤 식으로 도와주면 좋을까요?

용서는 사춘기 아이들의 마음의 건강에 영향을 준다는 연구가 있습니다. 타인을 용서함으로써 자기 내면의 복수심과 분노가 감소하고 마음의 건강이 증진될 수 있습니다. 우선, 용서는 어른에게도 어렵고 복잡하다는 것을 알려 주세요. 그리고, 용서한다는 것은 상대의 행위를 인정한다는 것이 아니라 '용서 못 해', '복수하고 싶어'라는 감정을 계속 품지 않기로 스스로 결정하는 것이라는 점을 전합니다. 또 이어서 소개할 요소인 공감력을 키움으로써 아이들은 타인의 관점에서 상황을 바라보는 힘을 기를 수 있고, 그 능력은 용서하는 힘을 키우는 것으로도 연결됩니다.

　인간관계 구축에 중요한 요소 중 세 번째는 '공감'입니다. 상대의 몸짓이나 말, 상황에서 상대의 감정을 떠올려보고 이해하는 것을 공감이라고 합니다.
　그리고 그때 중요한 것이 상대의 말을 차분히 귀 기울여 듣는 것입니다. 경청의 중요성을 이해하면서도 자기도 모르게 아이의 말을 충분히 듣기도 전에 의견을 제시하거나 아이의 감정을 무시한 채 조급하게 문제를 해결해 버리려고 할 때가 있습니다.
　그러나 찬찬히 아이의 말에 귀를 기울이며 감정을 받아들여 주고, 그 감정을 조절하도록 도와주면서 어려운 상황을 극복하게 해주는 것은 곧 아이가 타인의 감정을 이해하는 능력, 즉 공감력을 키우는 길로 이끌어 주는 것입니다.
　또, 이야기를 주의 깊게 들어주는 것 자체가 큰 도움이 됩니다. 회복력 연구의 일인자인 히라노 마리Mari Hirano 선생은 '타고난 회복력 요인이 적은 사람은 누군가가 이야기를 잘 들어줄 때 조언을 받아들일 준비, 즉 문제 해결에 임할 준비를 할 수 있다'라고 주장합니다.
　그저 누군가가 이야기를 들어주는 것만으로도 사람은 안전 기지에서 에너지를 충전 받는 효과를 얻을 수 있습니다.

즐거운 일은 전력을 다해 받아들이자

:

아이가 기쁜 소식을 전해 줄 때 부모가 어떻게 반응하는지도 아이와의 신뢰 관계에 큰 영향을 미칩니다. 미국의 심리학자 셸리 게이블^{Shelly Gable} 박사의 연구에 따르면 '상대로부터 긍정적인 소식을 들었을 때 즐거운 표정으로 함께 기뻐하고 그 일에 관심을 가지고 자세히 질문하는 등의 반응을 보이면 상대의 신뢰를 얻는 관계를 쌓을 수 있다'고 합니다.

분주하게 하루하루를 지내다 보면 아이가 기뻤던 일과 즐거웠던 일에 관해 이야기할 때 "잘됐네", "대단하다" 등의 짧은 반응으로 끝내거나, "그런 거 하지 말고 숙제나 해"라는 식으로 아이가 느낀 기쁨을 부정하거나, "그게 뭐 별거라고" 등 낮게 평가하는 말을 해 버리는 경우가 종종 있습니다. 그러나 아이가 기쁜 일에 관해 얘기할 때 충분히 시간을 할애하여 가까운 거리에서 눈을 마주보고 고개를 끄덕이며 관심을 표시하면서 아이와 함께 기뻐하면 아이의 긍정적인 감정을 증폭시키고 양육자에 대한 신뢰와 호감을 높이게 됩니다. 그러면 결과적으로 부모·자녀 사이의 유대감이 견고해집니다.

아이가 말을 꺼내기 쉽도록 "오늘은 무슨 즐거운 일이 있었어?"라고 물어봐 주는 것도 좋을 것입니다. 아이에게 있었던 좋은 일을 호들갑스러울 정도로 기뻐하고, 관심을 가지고 이야기를 들으며 아이에게 가치 있게 느껴지는 것을 함께 느껴 보세요.

"도와줘"라고 말할 수 있는 관계를 만드는 말

가정과 학교에 자기의 자리가 있다는 느낌, 누군가의 도움이 필요할 때 기댈 수 있는 사람이 있다는 인식은 아이의 심신 안정에 반드시 필요한 요소입니다.

어느 뇌과학 연구에서는 사회적으로 거부당하는 것은 다리가 부러진 것과 같은 수준의 통증을 유발할 수 있다는 보고가 있었습니다. 고독으로 인해 고통을 겪는 사람이 늘고 있는 현상은 선진국이 해결해야 할 큰 과제가 되고 있습니다.

아이들에게 회복력 수업을 시행할 때 반드시 하는 말이 있습니다. 그것은 '누구나 도움이 필요할 때가 있다. 도와달라고 말하는 것은 대단히 용기 있는 행동이다'라는 것입니다.

무슨 문제가 생기면 '어떻게든 스스로 해결해야 해', '부모님께 걱정 끼칠 수는 없어'라면서 혼자 떠안는 아이도 있습니다. 자신의 약한 모습을 보이고 싶지 않다, 이상한 아이 취급을 받고 싶지 않다, 혼나고 싶지 않다 등 이유는 다양하지만, 그 결과 문제가 악화되거나 심지어 아이의 심신이 병들게 되기도 합니다.

이를 방지하는 방법은 앞에서 언급했듯이 '도와줘'라고 말하는 것은 용기 있는 행동이라고 사전에 말해 두는 것입니다. 그리고 아이가 그렇게 할 수 있도록 안심할 수 있는 관계의 토양을 만들어 놓는 것이 중요합니다.

꼭 가족이 아니더라도 심리적으로 안전하다고 느낄 수 있는 관계를 맺은 사람이라면 누구든 아이가 쉽게 도움을 요청할 수 있습니다. 평소에 아이의 말에 귀를 기울이고 어떤 생각과 감정도 비판하거나 부정하지 않고 있는 그대로 아이를 수용하며 "무슨 일이 있어도 네 편이다"라는 태도를 유지하는 것이 안전하다는 확신을 주는 관계를 쌓는 데 중요합니다.

부모의 긍정적인 감정은 아이를 도와주는 힘이 된다

아이를 키우다 보면 큰 기쁨을 느끼기도 하지만, 동시에 힘든 순간도 셀 수 없이 많습니다. 실제로 프랑스인 어머니 260명을 대상으로 한 연구에서는 대상자 중 20%의 어머니가 번아웃 증후군을 겪고 있다는 사실이 밝혀졌습니다. 여러 국가에서 산후 우울증과 육아 우울증이 심각한 사회문제로 거론되기도 합니다.

한편, '어머니가 자신의 긍정적인 감정을 키움으로써 아이에게 주는 부정적인 영향을 완화할 수 있다'는 연구 결과도 나왔습니다. 이 연구는 아이가 4~5세 때와 4년 후인 8~9세 때의 육아 스트레스를 조사한 것입니다. 연구자는 어머니와 아이가 함께 노는 모습을 관찰하며 아이의 긍정적인 감정, 어머니가 아이에게 민감하게 반응하는 정도를 측정했습니다(어머니가 아이의 말과 행동에 민감하게 반응하여 필요한 돌봄과 도움을 주는 것이 아이의 발달에 매우 큰 영향을 준다는 것은 잘 알려진 사실입니다). 그 결과, 스트레스가 높은 미취학 아동의 어머니는 4년 후, 아이와 노는 도중에 스트레스를 느끼면 아이에게 민감하게 반응하지 않는 경향이 있었습니다. 한편, 긍정적인 감정을 느꼈던 행복한 어머니는 스트레스와 아이에 대한 민감한 대응에 큰 상관관계가 없었습니다.

즉, 어머니 자신의 긍정적인 감정이 스트레스의 완충재가 되어 아이를 지키고 있다고 할 수 있습니다. 긍정적인 감정은 신체적, 지적, 사회적 그리고 심리적 자원을 구축합니다. 스트레스가 있더라도 긍정적인 감정이 큰 어머니는 아이와 함께 있을 때 이 구축된 자원을 활용할 가능성이 높은 것입니다.

육아가 한창인 시기에는 매일의 바쁜 삶을 필사적으로 어떻게든 꾸려 가려고 하다 보니 본인을 위해 시간을 사용하는 것은 자기도 모르게 뒷전으로 미루게 됩니다. 그러나 어머니가 긍정적인 감정을 비축해 두는 것이 아이를 돌보는 데 큰 도움이 된다면 어떻게 하시겠습니까? 누군가에게 고맙다는 말을 하는 것, 공원에

산책하러 가는 것 등 자신의 마음을 채워 주는 작은 행복을 느낄 시간을 떼어 두는 것도 소중한 일과로 여기세요. 그리고 자기 자신에게 "애쓰고 있다"고 말하며 상냥하게 다독여 주세요.

제2장

14가지 사례로 보는
실전! 역경에 지지 않는 아이로 키우는
부모의 말

"학교 가기 싫어", "학교에서 안 좋은 일이 있었어"라며 의기소침할 때

"왜 가기 싫어? 가면 재미있잖아."
"그런 거 신경 쓸 필요 없어."
"어떡하지……?"(같이 낙담함)

"엄마한테 알려 줘서 고마워."
"이 일에 대해 누군가한테 이야기하고 싶어?"
"그래, 그렇구나. 충분히 쉬자."

도움말 도움을 청해 준 것에 감사를 표하는 것이 첫걸음입니다 갑자기 아이가 "이제 학교 가기 싫어"라고 말하면 부모는 깜짝 놀라서 고민에 빠지게 될 것입니다. 그러나 실은 아이의 마음속에는 입 밖에 내기 훨씬 전부터 그런 생각이 도사리고 있었을 거예요. 오랜 고민 끝에 겨우 부모에게 말을 꺼내는 경우가 대부분입니다. 그렇다고는 해도 부모에게는 청천벽력입니다. "왜? 무슨 일 있었어?"라고 꼬치꼬치 캐묻거나 무조건 "학교 가면 즐겁잖아, 학교 가야지!"라는 식으로 말하기도 합니다. 또 학교에서 불쾌한 일이 있어서 아이가 풀이 죽어 있으면 부모는 자기도 모르게 "그런 거 신경 쓰지 마!" 혹은 "그런 일 정도는 스스로 알아서 할 수 있잖아" 등 불안과 조바심으로 빨리 해결하고 싶은 마음이 앞서 한숨을 쉬거나 등을 떠미는 듯한 말을 하기도 합니다. 때로는 "어떡하지……?" 하며 아이와 함께 고민에 빠지기도 합니다.

그런 마음은 꾹 누르고, 우선은 용기를 내어 말해 준 것에 감사의 마음을 표현하세요. 고민이나 문제에 관해 부모·자녀 간에, 또 식구들끼리 대화할 수 있다는 것은 대단히 소중한 일이기 때문입니다. 누구에게도 의존하지 않고 혼자서 무엇이든 해결하는 것만이 강인함이 아닙니다. 누군가에게 자신의 고민과 연약함을 드러내 보일 수 있다는 것 역시 강인함이라고 할 수 있습니다.

그러니 아이의 감정에 곰곰이 귀를 기울이세요. 때로는 아이 스스로도 학교에 가고 싶지 않은 이유를 명확히 모를 수도 있습니다. 앞으로 어떻게 될지 아이가 가장 불안할 것입니다. 그런 불안과 본인도 잘 모르는 감정을 전부 그대로 "그래, 그렇구나. 충분히 쉬자"라고 받아들여 주세요. 그리고 아이에게는 자기 힘으로 다시 일어설 힘이 있다는 것을 명심하는 것이 중요합니다. 아이가 괴로운 일을 경험하는 모습을 보면 마음이 아프지만, 정서 면에서 부모의 보호와 도움이 있으면 아이는 반드시 극복해낼 수 있습니다.

저 역시 학창 시절에 등교 거부를 한 적이 있었는데, 그때 선생님이 "걱정하지는 않지만, 항상 널 마음에 두고 있단다"라고 말씀해 주셨습니다. 그래서 '선생님은 내가 다시 일어설 힘이 있다고 믿고 있고, 날 저버리지 않겠구나'라고 안심할 수 있었습니다.

아이들은 어른의 말과 행동에 담겨 있는 동기에 민감합니다. 아이가 회복할 힘이 있다는 것을 믿는 어른의 말과 행동은 아이의 내면에서 '나를 믿어 준다'라는 에너지로 변모합니다. 역으로 어른의 불안한 마음에서 비롯된 말과 행동은 '내 능력을 믿어 주지 않는다'라는 메시지로 전달되어 자신에게 회복할 힘이 없다고 믿어 버리게 될 수 있습니다.

또, 아이가 성장함에 따라 부모에게는 말할 수 없지만 오히려 조금 거리가 있는 사람에겐 입이 열리는 경우도 있습니다. "마음을 잘 다독여 주는 분이 있어. 그분에게 말해 볼래?" 등, 부모 이외에도 상담할 수 있는 사람이나 기관이 있다는 것을 알려 줍시다.

직접 경험한 비슷한 사례를 기록해 보세요

● 아이의 말(상황·문제)

....

....

....

....

....

● 부모·양육자가 해 준 말

....

....

....

....

....

● 기억해 둘 점

....

....

....

....

....

사례 **2**

전학, 진학, 새로운 학급 편성 등
환경 변화에 불안해할 때

> "괜찮아, 괜찮아! 금방 적응할 거야."
> "어쩔 수 없잖아!"

> "그럴 땐 누구라도 불안해. 너만 그런 건 아니야."
> "당연히 불안하지……. 하지만 새로운 곳에서
> 즐거운 일도 있을 것 같지 않니?"

도움말 좋은 면을 생각할 수 있도록 격려합시다

부모의 사정으로 아는 사람이 하나도 없는 학교에 전학하게 되면 아이는 낯선 환경에 대한 불안과 친구와 헤어져야 하는 슬픔 등에 사로잡힙니다. 새 학년이 되어 학급이 바뀔 때도 친하게 지냈던 친구와 떨어져 "친구가 아무도 없는데 어떡하지……"라며 침울해하는 사례도 적지 않습니다.

　이처럼 부정적인 감정으로 가득할 때는 새로운 환경에도 좋은 면이 있다는 사실을 깨닫지 못하는 경우가 많습니다. 그러나 사실 새로운 환경에 뛰어든다는 것은 아이가 큰 변화를 뛰어넘는 힘을 익힐 좋은 기회가 되기도 합니다.

　우선은 "그렇게 느끼는 것은 당연하다", "이해한다"라는 말을 해 주어 아이의 불안한 감정을 받아들여 주세요. 그러고 나서 "새로운 곳에서 일어날 즐거운 일은 어떤 게 있을까?" 하고 긍정적인 측면에 관심을 가질 수 있는 질문을 해 줍니다. 새로운 환경에서 경험할 수 있는 즐거운 일을 부모와 자녀가 함께 알아보거나 멀리 떨어진 친구와 즐겁게 교류할 수 있는 방법을 생각해 보는 등, 변화 속에서 자신이 할 수 있는 일을 발견하면 진취적인 마음이 생길 수도 있습니다. 평소에 부모가 "오늘 좋았던 일은 뭐였어?"라고 긍정적인 측면에 시선을 돌릴 수 있는 질문을 하면 좋은 측면을 발견하는 아이의 힘이 자랍니다.

초등학교 고학년이 되면 메타 인지도 자라나기 시작하므로 상황의 긍정적인 측면을 보는 일에 도전할 수 있습니다. 심리학자 마틴 셀리그먼 박사는 "마음의 힘을 강하게 키우는 중요한 요소 중 하나는 불쾌한 사건이 발생했을 때 '낙관적인 설명 양식^{Optimistic} Explanatory Style'으로 해석하는 힘이다."라고 주장했습니다.

낙관적인 설명 양식이란 불쾌한 사건에 대해서도 '① 원인은 나에게만 있는 것이 아니며 환경을 포함하여 다양한 요인이 있다(개인화하지 않기). ② 이 원인은 영구히 계속되는 것이 아니라 언젠가는 해결된다(일시적). ③ 이 일은 그 외 수많은 다른 영역에는 영향을 미치지 않는다(한정적)'라는 관점으로 해석하는 방식을 가리킵니다.

예를 들어 '새로운 학급에 친한 친구가 없다'는 상황이라면 '아직은 친구가 없지만, 지난번에 사촌도 새로운 동네로 이사 가서 친구가 한동안 생기지 않았다고 했었잖아. 나만 이런 건 아냐. 당장 친한 친구를 사귀는 건 어렵겠지만, 틀림없이 친구가 생길 거야. 학원에는 친한 친구가 있기도 하고'라며 긍정적인 자세를 가질 수 있습니다.

반대로 '비관적인 설명 양식^{Pessimistic Explanatory Style}'은 불쾌한 일이 생긴 것은 자기 탓이고 그 사건은 평생 변함없이 계속될 것이며 다른 많은 영역에도 영향을 미친다고 생각하는 것입니다.

낙관적인 설명 양식을 익힐 수 있도록 앞에서 소개한 셀리그먼 박사의 3가지 요소를 기반으로 말해 주세요. "이 부분은 네 책임 이지만, 저 부분은 네 책임이 아니지 않니?"와 같이 책임을 져야 할 범위에 관해 이야기를 나누고, "언제까지나 늘 같은 일이 계속 되는 건 아니야", "이 일로 모든 것이 엉망이 되는 것은 아니란다" 처럼 관점을 바꿀 수 있는 말을 해 주면서 낙관적인 설명 양식으 로 이끌어 줄 수 있습니다.

직접 경험한 비슷한 사례를 기록해 보세요

● 아이의 말(상황·문제)

....

....

....

● 부모·양육자가 해 준 말

....

....

....

● 기억해 둘 점

....

....

....

사례 **3**

학교에서 발표를 제대로 못하거나
친구에게 하고 싶은 말을 잘 못할 때,
또는 자진해서 무언가를 하려고 하지 않을 때

"왜 못해?"
"○○처럼 열심히 해!"
"그렇게 내성적이어서 어쩔 거니?"

"생각이 깊은 것은 너의 장점이야."
"자기 속도대로 하면 돼."
"같이 생각해 보자."

 '내향적'인 면은 겸허하고 사려 깊은 성격의 반증일 수도 있습니다

하고 싶은 말을 제대로 못하거나, 적극적으로 행동하는 데 서툰 아이들이 있습니다. 그런 유형의 아이들은 흔히 내향적인 성격이 단점이라는 오해를 받곤 합니다. 그러나 내향적인 아이는 주위 사람들을 유심히 관찰하고 그들의 의견을 존중하며, 먼저 의견을 듣고 나서 자기 의견을 전하려는 것일 수도 있습니다. 또 행동하기 전에 곰곰이 주의 깊게 생각하는 특성이 있습니다. 이 모두는 훌륭한 강점입니다.

단, '겸양(겸허)', '배려', '사려 깊음' 등 대인관계에서 발휘되기 쉬운 강점을 지나치게 사용하면 하고 싶은 말이나 행동을 제대로 못하게 되는 경우도 종종 있습니다. 그럴 때는 원래 가진 강점의 부정적인 측면을 메울 수 있는 강점을 사용함으로써 아이가 자기다움을 잃지 않으면서 행동을 바꿔 가게끔 하는 것이 좋습니다. 특히 아이 내면에 내재한 강점이 도움이 됩니다.

우선은 "신중한 자세는 너의 좋은 점이야"라는 말로 그것이 단점이 아니라 강점이라는 것을 알려 줍시다. 숨은 강점을 알려 주면 아이의 자기 긍정감이 높아집니다. 그러고 나서 정말로 하고 싶은 일을 실행할 수 있도록 도와줍니다.

"그 말을 하고 나면 좋은 점이 뭐가 있을까?"

"그 행동을 하면 어떤 기분이 들 것 같니?"

이렇게 실행에 한 걸음 다가가는 데 도움이 되는 '용기'와 '희망'이라는 강점을 발휘할 수 있도록 말해 주세요.

참고로, '○○처럼' 등 다른 아이와 비교하는 말은 강점을 키우는 데도, 강점을 살려 원하는 것을 실현하는 데도 도움이 되지 않습니다. 계속 타인과 비교하다 보면 타인보다 뛰어나게 되는 것을 자존심을 충족시키려는 쪽으로 방향을 잘못 잡게 됩니다. 그 결과, 본인의 삶이 고단해지게 됩니다.

굳이 비교한다면 그 아이의 과거 모습과 비교하는 것이 낫습니다. 아이가 다른 사람 앞에서 발언할 수 있게 되기를 바란다면, 설령 못했던 적이 100번이었더라도 그 후 한 번 해낸 적이 있다면 그때의 용기를 칭찬해 주세요. 아이 자신의 속도대로 해도 된다는 것, 성공한 행동을 인정한다는 것을 강조하는 화법은 문제 행동을 줄이고자 할 때도 활용할 수 있습니다.

또 상냥하고 얌전한 유형의 아이는 친구에게 하고 싶은 말을 제대로 하지 못한 채 항상 남의 말에 끌려다니는 경우도 적지 않습니다. 그럴 때는 "어떻게 하면 ○○와 네가 모두 기분 좋게 놀 수 있을까? 함께 생각해 보자"라고 말하며 몇 가지 해결책을 함께 생각해 보는 것도 한 가지 방법입니다. 그리고 그것을 하나씩 시도해 보도록 격려해 줍니다. 그래도 해결되지 않을 때는 "어떤 친구와 친하게 지내고 싶니?"라고 질문하며 좋은 친구란 어떤 친구인가를 배우고 생각해 보는 기회로 삼을 수도 있을 것입니다.

직접 경험한 비슷한 사례를 기록해 보세요

● 아이의 말(상황·문제)

....

....

....

....

● 부모·양육자가 해 준 말

....

....

....

....

● 기억해 둘 점

....

....

....

....

"어차피 난 못해"라고 하며
도전하려 하지 않을 때

"할 수 있어, 할 수 있다고!! 힘내!"
"그렇게 의욕이 없으니까 안 되는 거야."

"지금 할 수 있는 것을 해 보자!"
"우선은 하나만 해 보자."
"오늘은 5분만 해 볼까?"

도움말 큰 목표를 잘게 쪼개 봅시다. 성공 경험을 쌓아갑시다 아이가 무언가 새로운 것에 도전하기도 전에 "나는 어차피 못하니까……" 처럼 체념한 듯한 말을 할 때가 있습니다. 부모는 안타까운 마음, 격려하고 싶은 심정에서 "아냐! 틀림없이 할 수 있을 테니 해 봐! 힘내!"라고 힘을 북돋워 주려고 합니다.

그러나 당사자가 볼 때 목표가 너무 크게 느껴지면 '나는 도저히 할 수 없다'는 생각이 드는 것이 어쩌면 당연합니다. 신중하고 생각이 깊은 아이는 더더욱 그런 경향을 보일 것입니다.

그럴 때는 아이가 '이 정도면 할 만하다'라고 느낄 수 있는 첫걸음을 설정해 주는 것을 추천합니다. 최종적인 목표에 다가갈 수 있는 작은 첫 한 걸음을 설정하여 "우선은 한 가지만 해 보자", "그럼 오늘은 5분만 해 볼까?"라고 말하는 것으로 시작을 유도해 보세요. 요령은 조금만 노력하면 달성할 수 있는 목표를 설정하는 것입니다. 그러면 아이도 '그 정도라면……' 하는 마음이 들어 조금은 의욕적인 태도를 보일 것입니다.

그리고 그 작은 목표에 도전하는 데 성공하면 "도전 성공이네!", "와, 성공했네, 잘됐다!" 등의 말로 함께 기뻐해 주세요. 이런 반복, 그 한 걸음 한 걸음이 나도 할 수 있을지 모른다는 진취적인 자세와 의욕을 길러 줍니다.

부모로서는 '그렇게 해서 목표를 달성할 수 있겠어?'라는 생각에 불안해질 수도 있습니다. 그러나 여태까지 노력했지만 원하는 결과로 이어지지 않았던 경험이 있고, 누군가에게 "너는 잘 못하니까 그만둬"라는 메시지를 반복하여 들어온 아이는 도전할 기력을 잃고 '뭘 하더라도 잘 못할 거야. 나한테는 무리야'라는 생각에 사로잡혀 있을 가능성이 있습니다.

이런 상태가 프롤로그에서 설명한 '학습된 무기력'입니다. 자기 힘으로는 어찌할 도리가 없는 경험을 수 차례 반복하다 보면 해결을 위한 노력조차 하지 않게 되는 상태를 가리킵니다. 다른 방법이나 상황의 변화, 노력으로 이번에는 순조롭게 해결될 수도 있는데 '어차피 뭘 해도 못할 거야……'라는 생각에 사로잡혀 어떤 일에도 도전하지 않게 되는 것입니다.

'학습된 무기력'에서 빠져나오도록 도울 수 있는 첫걸음은 "실패하는 것은 너의 능력 부족 때문이 아니야"라고 말해 주는 것입니다. 그리고 차근차근 연습을 하거나 다른 방식으로 시도해 보면서 과제를 성공적으로 해 내는 경험을 하는 것이 무기력 탈피의 시작이 됩니다.

앞에서 설명한 바와 같이 하나하나 해결하며 성공 경험을 쌓아가면 서서히 '내 '노력'으로 좋은 결과를 얻고 있다'라는 인식이 싹틉니다. 그것이 '학습된 무기력'의 정반대인 '자기 긍정감'입니다. 자기 긍정감은 회복력을 키우는 중요한 요소이기도 합니다. 우선은 조바심 내지 말고 아이가 할 수 있는 한 걸음부터 시작하도록 북돋워 주세요.

직접 경험한 비슷한 사례를 기록해 보세요

● 아이의 말(상황·문제)

....

....

....

....

....

● 부모·양육자가 해 준 말

....

....

....

....

....

● 기억해 둘 점

....

....

....

....

중요한 경기나 시험에서
실패하여 낙담했을 때

> "그렇게 끙끙 앓지 마!"
> "괜찮아, 항상 잘되라는 법은 없어."
> "왜 못했어? 노력이 부족했던 거 아냐?"

> "지금까지 애썼어."
> "속상하겠다. 잘 안 될 때도 있지."
> "이번에는 잘 안 되었네. 어떻게 하면 잘할 수 있을까?"

도움말 속상한 감정을 받아들여 주고 자신감을 키울 수 있는 말을 해 줍시다

시험이나 중요한 경기 등이 맘처럼 잘 풀리지 않았을 때, 특히 그것이 아이의 인생에서 중요한 사건이었을수록 실망은 커집니다. 그만큼 열심히 해 왔기 때문에 낙심하고 슬픔을 느끼는 것은 당연합니다. 다만, "나는 바보야!", "이제 인생 망했다"라고 계속 자책하는 것은 괴로움을 극복하는 데 전혀 도움이 되지 않습니다. 괴로움과 슬픔의 감정을 받아들이고 자기 자신에 대한 배려의 감정을 가지는 힘이야말로 역경을 뛰어넘는 힘이 됩니다.

그렇지만 아이에게는 부정적인 감정을 적절히 수용하고 자신을 다독인다는 것이 아직 어려울 것입니다. 그러므로 주위 어른이 "힘들지?", "그래도 정말 열심히 했어", "중요한 일이 잘되지 않아 속상하지?" 등의 말을 공감을 드러내는 표정과 목소리 톤으로 전해 주세요. 아이들은 주위 어른이 자신을 대하는 방식을 자기 내면으로 수용합니다. 서서히 부정적인 감정을 인정하고 열심히 노력한 자신을 스스로 위로할 수 있게 될 것입니다.

더 나아가 아이의 가능성은 여전히 뻗어나갈 수 있다는 것을 말로 계속 전달해 주세요. 그 힌트가 되는 것이 '마인드셋'입니다. 앞서 '제1장 중요한 사실 5. 결과뿐 아니라 '노력한 과정'을 칭찬하자'에서 개인의 행동과 태도를 결정하는 상황의 해석법인 마인드셋을 소개했습니다. 이 마인드셋은 아이가 실패나 좌절을 겪을 때 부모가 대응하는 방식에 큰 영향을 받는다는 것이 밝혀졌습니다.

예를 들어, 아이가 실패하여 낙심하고 있을 때 부모가 "괜찮아. 모든 일이 잘될 수는 없어"라는 식으로 그다지 대수롭지 않게 '영혼 없이' 받아들이거나, 반대로 "이렇게 쉬운 걸 왜 틀렸어?!"처럼 과도하게 반응하면 '너에게는 성취할 능력이 없다'라는 메시지를 보내게 됩니다. 그러면 아이의 마음에 '나는 앞으로도 실력과 기량을 발휘할 수 없다'라는 신념이 각인됩니다.

한편, "이번에는 잘되지 않았네. 어떻게 하면 다음번에는 잘할 수 있을까?", "실패 없이는 성공할 수 없는 법이야"라고 말해 주면 '실패는 나의 능력을 나타내는 지표가 아니고 앞으로 계속 실패하는 것도 아니다'라는 메시지를 아이에게 전해 주게 됩니다. 그러면 아이는 '앞으로 능력을 키워서 성공할 수 있다'라고 인식하게 됩니다.

부모는 아이의 능력이나 성취 여부에 주목하는 것이 아니라 '실패는 성공의 어머니이다. 이번 일을 통해 앞으로 무엇을 배울 수 있을까?'라는 자세를 취하는 것이 바람직합니다.

직접 경험한 비슷한 사례를 기록해 보세요

● 아이의 말(상황·문제)

....

....

....

....

....

● 부모·양육자가 해 준 말

....

....

....

....

....

● 기억해 둘 점

....

....

....

....

....

발표나 시험, 경기 전 압박감에 짓눌려 있을 때

"더 강해져야지!"
"긴장하면 실수한다!"
"실수하지 않도록 해!"

"긴장되는 건 당연하지."
"자, 힘을 빼고 편안하게."
"같이 심호흡해 보자."

도움말 언어와 심호흡을 함께 사용하여 마음과 몸의 힘을 빼도록 도와줍시다 중요한 경기나 발표회, 입학시험 등 인생에 큰 영향을 미칠 수 있는 행사를 눈앞에 두고 있을 때 아이들은 스스로도 긴장되는데 부모나 주위 사람들의 기대까지 짊어지게 되면 더 큰 긴장감에 사로잡히게 됩니다.

그런 긴장의 소용돌이 속에서 압박감에 짓눌려 있는 아이에게 "더 강해져야지!", "실수하지 않도록 정신 바짝 차려!"라고 말한다면 한층 더 큰 스트레스를 줄 수도 있습니다. 아이를 궁지로 몰아가는 결과가 될 수도 있는 것이지요.

물론 어떤 상황에도 동요하지 않는 강인한 정신을 가진 아이도 있을 것입니다. 하지만 아이들은 대부분 스트레스를 느끼는 상황이 되면 긴장하거나 불안과 초조를 느낍니다. 그것은 아이가 연약하다는 의미가 아닙니다. 이제부터 착수해야 하는 일이 중요하다고 인식하고 있음을 보여주는 증거입니다. 지금부터 직면할 일에 대해서 될 대로 되라고 생각한다면 긴장하는 일은 없을 것이기 때문입니다.

중요한 것은 긴장 때문에 위축된 경우 그 감정을 바로잡는 방법을 익혀 두는 것입니다. 실력을 더욱 잘 발휘하기 위해서라도 심신을 안정시키는 말과 심호흡으로 도와주는 것이 효과적입니다.

그런 의미에서 "(몸의) 힘을 빼라Relax"는 말을 사용할 것을 추천합니다. '힘을 빼라'는 말에는 "진정해", "긴장되는 기분 충분히 이해해", "제 실력을 발휘할 수 있을 거야, 괜찮아" 등 다양한 메시지를 담을 수 있습니다.

저도 아이가 병원 검진을 앞두고 극도로 두려워하여 긴장 상태에 빠질 때나 시험 전날 긴장되어 잠을 이루지 못할 때 "자, 힘을 빼고 편안하게~"라고 자주 말합니다. 그리고 함께 심호흡하면 아이의 마음이 진정되었던 적이 여러 번 있었습니다.

그 일을 성공적으로 해낸 모습을 이미지화해서 떠올려보는 것도 좋은 방법입니다. 또 "무사히 마치고 나면 어떤 느낌일까?", "어떤 기분이 들 것 같니?"라고 물으며 긍정적인 감정을 미리 경험하는 것도 좋습니다.

긴장하면 호흡이 가빠지고 근육이 경직되어 몸이 말을 듣지 않기도 합니다. 긴장을 풀어 주는 말과 동시에 심호흡을 하고, 스트레칭으로 몸을 움직여 주는 것도 함께 시도해 보기를 권합니다.

직접 경험한 비슷한 사례를 기록해 보세요

● 아이의 말(상황·문제)

....

....

....

....

....

● 부모·양육자가 해 준 말

....

....

....

....

....

● 기억해 둘 점

....

....

....

....

....

"난 장점 같은 거 없어",
"나는 필요 없는 존재야"라며
자신감을 잃었을 때

> "영어 시험에서는 항상 1등이잖아!"
> "그럼, ○○를 잘할 수 있도록 노력하자."

> "엄마는 ○○가 무척 친절하다고 생각해."
> "○○은 약속을 어긴 적이 없잖아.
> 그건 훌륭한 점이야."

도움말 성격의 강점에 주목하여 칭찬하는 말을 해 줍시다

왠지 자신감이 없어지고, 아무도 나를 필요로 하는 것 같지 않을 때가 있습니다. 자신에게 아무 장점이 없다고 느껴질 때도 있습니다. 현대에는 소셜네트워크서비스^{SNS}의 영향도 적지 않으므로 타인과 비교하거나 다른 사람의 멋진 일상을 매일 보면서 의기소침해지는 아이도 많습니다. 평소에는 아무렇지 않다가도 자기 기분이 안정적이지 않거나 불안한 일이 있을 때는 그런 생각에 사로잡히기가 더 쉽습니다.

부모는 그런 자녀의 모습을 볼 때 "절대 그렇지 않아!", "너에게는 훌륭한 부분이 아주 많아!"라는 식으로 강하게 말하고 싶어지지만, 조금만 기다려 주세요. 아이가 부정적인 감정을 떠안고 있을 때의 대원칙은 그 감정을 부정하지 않고 전부 그대로 받아들여 주는 것이라고 앞서 말씀드렸습니다. 우선은 '나에게는 좋은 점이 없는 것 같다'라는 아이의 생각과 감정, 상황을 바라보는 관점을 받아들여 주세요. 그렇게 해 주면 아이는 '내가 느끼고 생각하는 것을 부정당하지 않는구나'라고 안심하게 됩니다. 부모가 있는 그대로 자신을 긍정해 주었다는 느낌을 받는 것입니다.

그러고 나서 부모가 느끼는 아이의 훌륭한 부분을 차분히 전달하면서 아이가 자신의 장점을 깨달을 수 있도록 거들어 주면 좋을 것입니다.

구체적으로는 아이 성격의 좋은 면, 즉 성격의 강점을 가능한 한 자세하게 말로 전달하는 것입니다. 강점에 관해서는 앞에 나온 '24가지 강점 목록'에서 자세히 설명했습니다. 자신의 강점을 깨달은 아이의 내면에는 자기 긍정감이 자랍니다. "얼마 전에, 네가 길 잃어버린 아이를 도와주려고 애쓴 적이 있지. 엄만 그런 네 모습을 보고 우리 딸 무척 상냥하구나, 하고 생각했어. 네 친절한 마음씨 덕분에 그 아이가 울음을 그치고 금방 힘을 냈잖아."와 같이 강점을 발휘했던 구체적인 상황을 예로 들어 주면 더욱 효과적입니다.

여기에서 중요한 핵심은 칭찬의 초점을 성격의 강점에 두는 것입니다. 기량이나 능력 등과 관련된 강점은 시기에 따라 변할 수도 있고, 더 능숙하게 잘하는 아이가 있을 때는 "그러면 그렇지. 역시 나는 잘하는 게 없어"라며 낙심하는 원인이 될 수도 있습니다. 그에 비해 성격의 강점은 누구에게도 빼앗기지 않고, 시기에도 좌우되지 않는, 자기만이 가지는 강점입니다.

무언가를 잘하기 때문에 칭찬하는 것이 아니라 아이 자신이 가진 성격의 강점이야말로 그 아이다움을 잘 나타내는, 무척 멋지고 가치 있는 것이라는 점을 반복하여 알려 줍시다.

때로는 강점을 말해 주어도 전혀 자신을 긍정하지 못하는 아이도 있습니다. 그 경우에는 우선, 아이의 이야기를 듣고 받아들여 주는 것에서 멈춥니다. 아이의 이야기를 듣는 것은 있는 그대로 수용하는 것입니다. 그러다 보면 자신을 긍정하는 감정이 차츰 솟아오르고, 부모가 들려 주는 이야기를 서서히 받아들일 준비가 되어 가는 경우도 많습니다.

직접 경험한 비슷한 사례를 기록해 보세요

● 아이의 말(상황·문제)

_____

_____

_____

_____

● 부모·양육자가 해 준 말

_____

_____

_____

_____

● 기억해 둘 점

_____

_____

_____

_____

울부짖을 때, 생떼를 쓸 때,
부모의 말을 전혀 듣지 않을 때

"민폐 끼치지 말고 그만 좀 해!"
"왜 그렇게 제멋대로 구는 거야?"
"○○해!"

"잠깐, 엄마도 마음을 가라앉힐게."
"어떻게 하면 좋을지 같이 생각해 보자"
"엄마가 해 줄 수 있는 게 있을까?"

도움말 부모 자신의 짜증을 진정시키고 나서 아이와 대화를 시도합시다

형제간의 다툼 때문에, 또는 자기 맘대로 되지 않는 일이 있다고 계속 울거나, 빨리 외출해야 하는데 꾸물대며 움직일 생각이 없을 때……. 부모라면 누구나 한 번쯤은 그런 곤란한 상황을 경험한 적이 있을 것입니다. 처음에는 온화하게 대응하지만, 아이가 멈추지 않으면 자기도 모르게 짜증이 나서 감정적으로 "이제 그만해!", "네 맘대로 해", "빨리하지 못해?!" 등 평소에 되도록 하지 않으려고 명심해 두었던 말을 내뱉는 경우도 있을 것입니다.

그러나 앞서 말씀드렸듯이 '부모가 자녀의 좋은 본보기가 되겠다는 것'은 회복력 육성을 위한 중요한 마음가짐 중 하나입니다. 자제력을 잃을 것 같을 때는 우선 자신의 감정을 다스릴 필요가 있습니다. 아이의 안전을 확인한 후에 조금 거리를 두고 "엄마 신경이 날카로워져서 마음을 가라앉히는 중이야"라고 말함으로써 아이를 거부하는 것이 아니라는 것을 설명하고 심호흡을 합시다. 노래를 부르거나 스트레칭을 할 수도 있습니다. 자기에게 맞는 기분 전환법은 무엇이든 좋습니다. 그런 모습을 본 아이는 부정적인 감정에 휩싸였을 때 마음을 진정시키는 방법을 부모의 본보기를 통해 배울 수 있습니다.

기분이 가라앉으면 "자, 기다렸지? 엄마 이제 진정됐어"라고 대화를 시작하고, 아이가 계속 생떼를 부리면 보듬어 안아 주거나 어깨를 어루만져 주어 이번에는 아이가 감정을 가라앉힐 수 있도록 도와줍시다.

형제가 다투었을 때는 한 명씩 다른 장소에서 충분히 공감해 주고 각자의 기분을 언어화하여 도와주면 좋습니다. 내면의 감정을 언어화하여 압도당할 듯한 격렬한 감정을 가라앉히도록 해 주는 것입니다.

아이의 마음이 진정되면 "엄마(아빠)가 도울 수 있는 것이 있을까?", "엄마(아빠)가 해 주었으면 하는 게 있니?" 등 아이에게 어떤 도움이 필요한지 물어봅시다. "어떻게 하면 좋을지 함께 생각해 보자"라는 말을 해서 구체적인 해결책 및 더욱 좋은 대응 방법에 관해 이야기를 나누는 쪽으로 관심을 돌릴 수 있습니다. 마음이 차분해지면 좋은 방향으로 가기 위한 이야기를 할 수 있는 준비가 될 것입니다.

또 유머와 웃음도 마음의 여유를 가지는 데 도움이 됩니다. 그 상황 속에서 흥미롭다고 여기는 부분을 발견하거나, 미소를 짓게 하는 적절한 유머를 구사하면 분위기를 누그러뜨리고 마음에 여유를 가져다줄 수 있습니다.

직접 경험한 비슷한 사례를 기록해 보세요

● 아이의 말(상황·문제)

....

....

....

....

● 부모·양육자가 해 준 말

....

....

....

....

● 기억해 둘 점

....

....

....

....

통금 시간을 지키지 않았을 때,
금지된 곳에 몰래 갔다가 들켰을 때,
어른과의 약속을 지키지 않았을 때

"몇 번을 말해야 알아들을래?"
"왜 사람 말을 안 들어?"
"이제 절대 가면 안 돼!"

"밖이 캄캄해서 무척 걱정했어. 늦어지면 연락해."
"엄마는 네가 위험한 일을 당하는 것이 싫으니
약속을 지켜주면 좋겠어."

 "나는(엄마는, 아빠는)……"으로 시작하는 말을 합시다

———

아이가 통금 시간에 맞춰 귀가하지 않거나, 아이들끼리 가서는 안 된다고 일러둔 번화가에 몰래 놀러 가는 경우가 있습니다. 아이가 위험에 처할지도 모른다고 걱정한 만큼 부모로서는 이성을 잃고 아이를 향해 격한 분노가 폭발해 버릴 듯한 상황입니다.

이럴 때 부모가 지켜야 할 화법의 핵심은 "너는……"이라고 아이를 주어로 하는 것이 아니라, "나는(엄마는, 아빠는)……"으로 시작하는 말을 사용하여 걱정했다는 심정을 전달하는 것입니다.

이것은 자신의 감정을 상대에게 전하는 '나 전달법I-message'이라는 방법입니다. '나 전달법'은 "나는 ~라고 느꼈다", "나는 네가 ~해 주었으면 좋겠다"라는 형태로 '나'를 주어로 자기 생각을 전달하는 표현 방법입니다.

"너는(당신은) ~이다"라는 식으로 주어가 '너(당신)'가 되는 '너 전달법You-message'을 사용하면 상대방을 책망하거나 비난하고 상대방의 행동을 바꾸려는 지시를 내리는 화법이 되기 쉽습니다. 부모님이 정말로 자녀에게 전하고 싶은 것은 "위험한 일을 당하지는 않을까 걱정했다", "너는 나에게 무엇보다 소중한 존재란다", "어두워진 후까지 밖에 있지 말고, 범죄에 휘말리기 쉬운 곳에는 가지 않으면 좋겠다" 등의 메시지일 것입니다. 상대방의 언행으로 인해 내가 어떻게 느끼는지, 상대방에게 이해받고 싶은 것이 무엇인지 솔직하게 전달해 보세요. 그러면 정말로 아이에게 하고 싶은 말이 아이의 마음에 닿을 수 있게 됩니다.

아이의 언행을 책망하는 게 아니라 아이의 언행에 내가 어떻게 느끼는지, 아이가 어떻게 했으면 좋을지 침착하게 전해 봅시다.

아이가 거짓말을 할 때도 "거짓말하면 안 돼!", "너는 거짓말쟁이에 나쁜 아이야"라고 말하기보다 "사실대로 이야기해 주지 않아서 슬펐단다", "신뢰감이 좀 떨어졌네"라고 말할 때 아이가 스스로 생각하고, 행동을 고치는 경향이 높게 나타납니다. 핵심은 '나 전달법'으로 말하는 것, 그리고 자녀 자신의 성격과 존재를 부정하는 것이 아니라 행동이 준 영향에 관해 이야기하는 것입니다.

물론 언어적인 표현 이외에 표정과 보디랭귀지 등의 '비언어 표현' 또한 중요한 의사소통 방법입니다. 그러므로 부모가 부정적인 감정에 압도된 채 말을 하면 설령 '나 전달법'을 사용한다고 해도 태도나 목소리 톤에 노여움 등의 감정이 표출되어 아이에게 정말로 하고 싶은 말이 제대로 전달되지 않을 수도 있습니다.

사람은 언어 자체보다도 표정과 태도에서 메시지를 감지하기 쉽습니다. 분노의 감정으로 가득할 때는 우선 감정을 가라앉힌 후 대화를 시작합시다. 일관성 있는 태도는 신뢰로 이어집니다. 언어와 태도가 일관적일 것, 어제와 오늘 하는 말이 일치할 것. 이런 원칙 속에서 아이에게 메시지를 전달해야 효과적입니다.

직접 경험한 비슷한 사례를 기록해 보세요

● 아이의 말(상황·문제)

....

....

....

....

....

● 부모·양육자가 해 준 말

....

....

....

....

....

● 기억해 둘 점

....

....

....

....

....

사례 **10**

집을 어지르기만 하고
치우지 않을 때

"왜 제대로 하지 않는 거야!"
"지금 당장 정리해!"

"어머, 양말이 떨어져 있어."
"벗은 윗옷은 어디에 걸어 둬야 하지?"
"집이 깨끗하면 모두 기분이 좋잖아!"

 명령하지 말고 약속을 상기시키는 것이 좋습니다

몇 번이나 주의를 주어도 좀처럼 정리를 하지 못하는 자녀로 인해 속상해하는 부모님들이 많을 것입니다. 결국, 화가 폭발해서 "대체 몇 번을 말해야 알아들을래?", "지금 당장 치우지 못해?!"라는 식으로 소리치고 싶은 심정이 되는 것도 이해하지만, 이런 감정적인 언행은 좋은 해결책이라고 할 수 없습니다.

가정의 규칙을 아이가 이해하고 있다면 "양말이 떨어져 있어", "갈아입은 옷이 그대로 널브러져 있네" 등 상황을 묘사하는 화법만 사용해도 "아, 그렇지!" 하고 깨닫는 경우가 많습니다. 그렇게 해도 깨닫지 못할 때는 "~해라" 등의 명령조로 말하는 것이 아니라, "어떻게 하기로 약속했더라?" 등 규칙을 이해하고 있는지 재확인하도록 합시다.

사회의 규칙이나 예절을 제시하고, 그것을 정확히 지켜야 한다는 사실을 주지시키는 것도 아이를 돌보는 어른의 중요한 역할입니다. 아이가 그런 사회적인 감각을 익힐 수 있도록 부모가 어떤 노력을 하면 좋을지 결정할 때 참고할 만한 것이 '육아 스타일'입니다. 부모가 자녀의 발달 과정에서 어떤 대응 방식을 취하는지 보여주는 '육아 스타일'은 주로 다음 4가지로 분류됩니다.

① **민주적인 부모:** 아이의 능력과 감정을 가장 건전하게 키울

수 있는 육아 스타일입니다. 매일의 생활 속에서 아이들의 감정과 생각을 충분히 존중하며 규칙의 이유를 제시하고 필요한 제한도 설정합니다. 규칙을 정할 때는 아이와 함께 이야기를 나누고, 규칙을 어기면 어떻게 되는지 알려 줍니다. 벌을 주는 것이 아니라 인격적으로 가르치는 유형입니다.

② **권위주의적인 부모:** 엄하고, 따뜻한 애정이 없습니다. 이유는 알려 주지 않고 규칙만을 강요하며 아이를 복종시키려 합니다. 복종하지 않으면 벌을 줍니다. 일견 순종적인 아이가 되지만, 주체적으로 생각할 줄 모르거나 타인을 통제하려고 하는 아이가 되기도 합니다.

③ **소극적·수동적인 부모:** 따뜻하게 수용해 주지만, 엄격한 훈육이 없습니다. 아이의 감정과 필요를 수용하지만, 아이의 감정을 우선시하며, 제한을 설정해 두지 않습니다.

④ **무관심한(방임형) 부모:** 아이의 감정에 관심을 기울이지 않고 제한과 규칙도 설정하지 않습니다. 아이가 문제 행동을 일으키게 되는 비율이 가장 높은 유형입니다.

권위주의적인 부모와 무관심한 부모의 아이는 감정적·사회적인 어려움을 겪는다는 보고가 있습니다. 또 소극적·수동적인 부모를 둔 아이가 긍정적인 영향을 받는 경우도 있지만, 무언가를 완수하는 데 부정적인 영향이 나타나기도 한다는 사실이 밝혀졌습니다.

중요한 것은 아이의 감정과 생각을 존중하는 것과 규칙을 지키도록 하는 것의 균형이라고 할 수 있습니다. 일방적으로 규칙을 강요하거나 규칙을 지키지 않을 때 벌을 주는 것이 아니라 '규칙이 왜 필요한가?'에 관해 자세하게 가르쳐 주세요. 아이와 함께 규칙을 만들거나 수정하는 작업을 하는 것도 아이의 내면에 가족 일원으로서의 책임감을 싹 틔우는 좋은 방법이 됩니다.

직접 경험한 비슷한 사례를 기록해 보세요

● 아이의 말(상황·문제)

....

....

....

● 부모·양육자가 해 준 말

....

....

....

● 기억해 둘 점

....

....

....

사례 **11**

사건·사고 뉴스를 보고
불안해할 때

"그런 걱정은 해도 소용없어."
"절대 감염되지 않으니까 괜찮아."

"감염되어도 병원에 함께 가서 치료받으면 된단다."
"치료받으면 나으니까 괜찮아."
"불안해졌구나."

도움말 불안한 감정을 감정 앵무새로 치환해 봅시다

2020년부터 코로나바이러스 감염증이 전 세계적으로 유행하기 시작해 아이들의 마음도 불안해졌습니다. 동네와 학교에서 확진자가 발생하니 "우리 가족이나 내가 감염되면 어떡하지?" 하면서 두려움에 시달리는 아이들도 있었습니다.

그렇게 걱정하는 모습을 보고 "절대 감염되지 않으니까 괜찮아!"라고 말해 주고 싶지만, 그 순간만을 모면하는 말로는 아이가 마음을 놓을 수 없습니다.

감염병뿐만 아니라, 재해나 사고 등에 아이들이 불안을 느끼고 근심에 빠질 때 어른이 할 수 있는 대응에는 3가지 요령이 있습니다.

첫 번째는 '실제로 그렇게 되면 어떻게 할까?'에 대해 아이와 이야기를 나누어 보는 것입니다. 아이의 불안한 감정의 원인은 '병에 걸렸는데 낫지 않으면 어떡하지?', '가족과 만날 수 없게 되면 어쩌지?', '학교에 못 가게 되면?' 등 미래의 불확실성에 있습니다. 따라서 '그럼, 실제로 그런 일이 생기면 어떻게 할까?'에 관해 함께 이야기를 나누어 보고 확인하면 아이를 안심시킬 수 있습니다. 그러니 위기를 극복할 수 있는 계획을 세워 봅시다.

"○○병원에서 치료받자."

"○○에 전화를 걸어서 도움을 요청하자."

이렇게 구체적으로 정해서 언어로 규정해 놓으면 아이도 만일의 상황을 이미지화할 수 있어서 마음이 진정될 것입니다.

두 번째는 아이의 생각과 감정을 외재화(Externalization: 문제를 밖으로 끌어내어 객관화시킴-옮긴이)하는 것입니다. 아이가 불안을 느낄 때 "불안에 빠지게 하는 걱정 앵무새가 어깨에 앉아 있구나"라고 말해서 앞의 도표에서 소개한 부정적인 해석을 표출하는 앵무새를 불안의 원인으로 지목합니다. 아이 자신에게 무슨 문제가 있는 것이 아니라 '함께 앵무새를 놓아 주면 된다'는 자세로 "네 머릿속에서 앵무새가 무슨 말을 하고 있니?"라고 물어봅시다. 아이는 부정적인 감정을 일단 자신에게서 분리하여 '앵무새'에 빗대어 밖으로 꺼내어 봄으로써 객관적이고 침착한 감정으로 전환할 수 있습니다. 그 결과, 불안을 줄일 수 있는 행동을 취할 의지도 점점 싹트게 됩니다.

세 번째는 어떤 감정도 영원히 지속하는 것은 아니라고 언어로 표현하여 알려 주는 것입니다. "여태까지 1년이나 2년 내내 계속 화가 나거나 불안했던 적 있었어?"라고 묻는 것도 좋은 방법입니다. 이런 말을 수 차례 반복해 주면 아이도 감정을 가라앉힐 수 있을 것입니다. 현재의 불안이 영원히 지속하지는 않습니다. 언젠가 틀림없이 진정된다는 것을 알아두는 것도 아이가 마음을 가라앉히는 데 도움이 됩니다.

직접 경험한 비슷한 사례를 기록해 보세요

● 아이의 말(상황·문제)

....
....
....
....
....

● 부모·양육자가 해 준 말

....
....
....
....
....

● 기억해 둘 점

....
....
....
....
....

몸을 다쳐 좋아하는 운동을
당분간 할 수 없게 되었을 때

"불쌍하기도 하지."
"다쳤으니까 어쩔 수 없지, 포기해."

"정말 힘든 상황이네. 하지만 분명히
극복할 수 있을 거야."
"이런 치료도 있으니 한번 받아볼까?"
"아직 다음 기회도 있어."

도움말 '희망'을 품을 수 있는 말을 제시해 줍시다

축구 경기에서 주전으로 뛰기로 했는데 갑작스런 부상으로 경기에 나갈 수 없게 되었거나 발레 발표회 직전에 다리를 삐었다면, 열심히 노력한 만큼 아이는 깊이 낙심하고 '더는 전처럼 못 할지도 몰라'라는 생각에 사로잡힐 수도 있습니다.

그럴 때 아이를 낙담한 감정에서 건져줄 수 있는 것이 '희망'입니다.

심리학에서 희망은 감정의 하나일 뿐 아니라 상황을 해석하는 방식 중 하나라고 생각합니다.

사람이 희망을 느낄 수 있는 것은 '자신이 원하는 것을 인지하고 있으며 그 목표를 성취하기 위한 몇 가지 방법을 생각할 수 있을 때', 그리고 '목표를 달성하기 위한 행동을 시작할 의욕이 있을 때'입니다. 이 희망이 싹트는 계기를 부모가 말을 통해 만들어 주면 좋지 않을까요?

치료법과 재활훈련 등 다시 운동할 수 있는 방법을 알아보고 "이거 봐. 좋은 치료법이 몇 가지 있어. 해 보자"라고 제시해 주는 것도 한 가지 방법입니다. "아, 진짜? 그럼 치료받아 보고 싶어"라는 의욕이 생길 때 희망도 솟아오를 것입니다.

동시에 '나는 틀림없이 할 수 있어', '계속 노력할 거야'와 같은 의지력이 행동의 원동력이 됩니다. '이제 이 운동은 평생 못 할 거야'라는 생각을 '여태까지와 똑같이 할 수는 없을지 모르지만 치료하면 다시 할 수 있게 된다'라고 바꿀 수 있도록 아이가 희망을 품을 수 있는 말을 해 줌으로써 행동을 시작할 힘을 키워 줄 수 있습니다.

목표를 향한 몇 가지 실행 가능한 길을 찾아내는 것은 대단히 중요합니다. 왜냐하면, 어느 길이 아이에게 최선인지는 아무도 모르기 때문입니다.

인생을 살다 보면 원하는 일이 순조롭게 풀리지 않을 때도 있고 가장 소망했던 일이 이루어지지 않을 때도 있습니다. 그것을 받아들이기는 그리 쉽지 않지만, 최선의 수단이 좌절되었을 때도 희망을 품은 사람은 다른 유효한 길을 찾아내고자 노력합니다.

때로는 최선이 아닌 차선의 선택을 할 수밖에 없을 때도 있습니다. 그러나 차선의 선택이 있으면 희망도 품을 수 있게 됩니다.

이런 역경과 시련에 부딪혔을 때는 꼭 아이가 희망을 품을 수 있는 길을 여러 가지 함께 생각해 주세요. 가장 좋은 선택이 아닌, '그다음으로 좋은 선택'이라 할지라도 인생의 길을 걸어갈 수 있는 희망을 계속 품을 수 있다면 그것이 곧 회복력으로 이어집니다.

직접 경험한 비슷한 사례를 기록해 보세요

● 아이의 말(상황·문제)

....

....

....

....

....

● 부모·양육자가 해 준 말

....

....

....

....

....

● 기억해 둘 점

....

....

....

....

....

그림을 잘 그렸을 때, 운동 경기에서 활약했을 때, 시험에서 만점을 받았을 때 등 무언가를 성취했을 때

"대단해, 소질이 있네!"
"역시, 머리가 좋아."
"해냈네, 축하해."

"다양한 색을 사용하여 그렸구나.
이 색깔 사용한 거 맘에 드네."
"꾸준히 계획적으로 공부했었지."
"매일 인내심을 가지고 열심히 했구나."

도움말 노력한 과정과 성격의 강점을 칭찬해 줍시다

아이들은 어렸을 때부터 경험을 통해 어른이 전달하는 메시지를 받아들입니다. 그 결과, 무엇을 믿을지, 상황에 대해 어떤 관점을 취할지 등이 형성됩니다. 이를 '마인드셋'이라고 한다고 앞서 말씀드렸습니다. 특히, 아이가 무엇을 잘해 냈을 때 부모가 어떤 화법을 사용하는지가 이 마인드셋에 중대한 영향을 줍니다.

"머리가 좋네", "소질이 있구나" 등 아이가 가진 재능이나 능력을 칭찬하는 것은 '너는 능력과 재능의 유무로 판단받는다', '칭찬받은 영역에는 능력이 있지만 다른 부분에는 재능이 없다'라는 메시지를 아이에게 보내는 결과를 낳습니다.

즉, '타고난 재능과 두뇌의 우수함에 가치가 있다'라는 형태로 고정 마인드셋을 키우게 될 수 있습니다. 재능을 칭찬받으며 자란 아이는 뛰어나게 잘할 수 있는 것을 하여 인정받고 싶어 하고, 어려운 문제나 새로운 도전은 피하려는 마음을 가지게 됩니다. 게다가 무언가 어려운 과제에 직면하면 '나는 이거엔 재능이 없으니까 노력해도 잘하게 될 리가 없어'라고 생각하게 되는 것입니다.

또, "대단해!", "해냈구나!" 등 무엇이 대단한지 알 수 없는 막연한 칭찬도 때로는 아이를 불안하게 만들 수 있으므로 주의가 필요합니다.

아이가 자신의 능력을 믿으며 앞으로 점점 성장할 수 있다고 생각하는 '성장 마인드셋'을 키우기 위해서는 그간 열심히 노력해온 과정에 초점을 두고 노력, 기량, 방법, 향상한 부분을 칭찬하는 것이 중요합니다.

또, "뭐가 도움이 됐어?", "가장 힘들었던 점은 무엇이었니?" 등 열심히 노력해 온 과정에서 순조로웠던 점과 어려웠던 점을 물어보면 아이 자신도 결과가 아닌 과정에 관해 생각해 보는 계기를 만들 수 있습니다.

성장 마인드셋을 키우는 비결은 결과가 아니라 그 결과를 낳은 과정에 주목하는 것입니다. 그러면 아이는 자신이 어떻게 해야 잘할 수 있는지 이해하게 되므로 상황을 진취적으로 보면서 회복력을 더욱 키워 가게 됩니다.

과정을 칭찬하는 것에 더해 그 과정에서 발휘한 성격의 강점도 전해 주면 더욱 이상적입니다. "끈기 있게 노력했구나", "좋은 생각을 해냈네! 아주 창의적이야!"라는 화법도 추가한다면 행동과 성격 양쪽을 인정한다는 것을 표현할 수 있습니다.

아이는 과정을 칭찬받으면서 '노력의 중요성'을, 성격의 강점을 주목받으면서 '있는 그대로의 자기다움'을 내면에서 성장시켜 갈 수 있습니다.

직접 경험한 비슷한 사례를 기록해 보세요

● 아이의 말(상황·문제)

....

....

....

....

....

● 부모·양육자가 해 준 말

....

....

....

....

....

● 기억해 둘 점

....

....

....

....

....

아이가 어떤 일에 푹 빠져 즐겁게 몰입하고 있을 때

"언제까지 할 거야? 숙제는 끝냈어?"
"그게 뭐가 재미있어? 질리지도 않네."

"즐거워 보이네! 같이 해도 돼?"
"엄청 집중하더라. 어떤 기분이었어?"
"좋아하는 일을 즐길 수 있다니 대단해!"

도움말 긍정적인 감정을 공유하는 말을 건네 봅시다

문득 살펴보니 아이가 진지한 표정으로 무언가를 만드는 데 열중하고 있거나 즐겁게 게임에 몰입하고 있을 때가 있습니다. 그럴때 부모님들은 어떻게 반응하십니까? '아이가 즐겁게 하고 있으니 안심하고 다른 일을 하자'라고 가사나 일에 눈길을 돌리게 마련이지요.

그러나 실은 이럴 때가 긍정적인 감정을 증폭시킬 기회입니다! 긍정적인 감정이 회복력을 기르거나 새로운 능력을 꽃피우게 하는 기폭제가 된다는 사실은 제1장에서 설명한 대로입니다. 긍정적인 감정을 온전히 만끽할 수 있도록 충분히 도와줍시다.

아이가 어떤 일에 집중하여 몰입 상태에 들어가 있다면 우선 가만히 지켜보세요. 그 상태가 끝난 후에 "집중하고 있더라. 어떤 기분이었어?" 하고 물어봐 주세요. 즐거웠던 경험을 다른 사람에게 이야기하다 보면 아이의 내면에 싹튼 긍정적인 감정이 증폭됩니다.

또 흥이 나서 대단히 즐겁게 무언가를 할 때는 함께 즐기는 파트너가 되는 것도 좋은 방법입니다. "같이 해 봐도 될까?" 하며 의향을 묻고 즐거움을 공유하는 것도 긍정적인 감정의 증폭으로 이어지기 때문입니다. 아이들은 아버지나 어머니와 함께 즐거운 활동을 하는 것을 대단히 좋아합니다.

긍정적인 감정에는 단순히 기분이 고조되는 기쁨이나 두근두근 설레는 느낌뿐만 아니라 감사, 평온, 관심, 자긍심, 희망과 존경 등도 포함됩니다.

긍정심리학의 수많은 연구에서 긍정적인 감정을 기르는 것이 미래를 위한 최선의 투자임이 증명되었습니다. 긍정적인 감정이 가져오는 유익, 그리고 긍정적인 감정을 충분히 음미하는 것의 중요성에 관해서는 제1장에서 자세히 설명했습니다. 긍정적인 감정이 아이들과 주위 사람과의 유대감을 강화하여 역경과 시련을 뛰어넘는 힘으로 연결된다는 것을 여기에서도 다시 강조하고 싶습니다.

항상 밝고 긍정적인 감정으로만 지내라고 권하는 것은 아닙니다. 부정적인 감정과 사건에도 사실은 보물이 묻혀 있음을 기억하는 것이 중요합니다. 회복력을 키우는 과정은 부정적인 감정을 확실히 수용함으로써 그 속에서 아이가 가진 보석의 빛을 발견하는 과정일 수도 있습니다.

부모가 부정적인 감정을 있는 그대로 수용해 줄 때 아이들은 회복할 힘을 얻고 더 좋은 대응 방식을 익힐 수 있게 됩니다. 그리고 긍정적인 감정을 어른과 함께 누리면서 더욱 깊은 유대감을 쌓아갈 수 있습니다. 긍정적인 감정과 부정적인 감정 모두 회복력을 키워 가는 데 반드시 있어야 할 필수 요소입니다.

직접 경험한 비슷한 사례를 기록해 보세요

● 아이의 말(상황·문제)

....

....

....

....

....

● 부모·양육자가 해 준 말

....

....

....

....

● 기억해 둘 점

....

....

....

....

마치며

　실제 생활과 육아에서는 이상대로, 혹은 육아서대로 되지 않는 경우가 많습니다.

　제가 딸을 출산한 직후에도 그랬습니다. 처음 하는 육아이다 보니 갈팡질팡하기도 하고 불안과 걱정에 빠져 육아서를 샅샅이 읽기도 했습니다. 그러나 어느 순간 문득 아이와 눈이 마주쳤을 때 나날이 성장하는 딸의 모습이 갑자기 선명하게 확 들어왔습니다. 그리고 '내가 봐야 할 것은 바로 여기에 있다'는 사실을 깨닫고 눈이 번쩍 뜨이는 느낌이었지요. 아이를 관찰하고, 아이가 무엇을 말하고자 하는지를 이해하는 것이 서로의 유대를 깊게 하는 데 가장 중요하다는 것을 새삼스럽게 깨달은 순간이었습니다.

　부모의 말이 자녀의 마음에 닿게 하고 싶다면 자녀의 모습을 있는 그대로 보는 것이 중요한 열쇠입니다. 물론 완벽한 사람은 없으니 고통스러운 사건으로 인해 고민하거나 자신의 선택과 대처에 자신이 없을 때도 있을 것입니다. 그런 감정이 드는 것은 절대 부모로서 실격이라는 의미가 아닙니다. 아이의 마음의 힘을 기르는 것은 복잡하고 만만치 않은 일입니다. 아이의 성장에 따라 과제도 변화하며 끝없이 이어집니다.

마음을 성장시키는 것은 언제나 프로세스(과정)입니다. 이 경험이 다음 성장, 다음 강점으로 반드시 연결된다는 사실을 염두에 두세요. 다양한 사건들이 일련의 성장 과정이 되도록 이 책에서 제시한 말들을 활용해 보시기 바랍니다.

마지막으로 이 책에서 소개한 모든 연구자, 긍정교육협회 회원들, 이 책을 집필하는 데 깊은 통찰력을 제공해 준, 지금까지 만난 모든 아동·청소년들과 부모님께 감사의 말씀 올립니다. 또, 이 책을 세상에 내보낼 수 있도록 열정과 정성을 다해 주신 출판 관계자분들께 깊은 감사를 전합니다.

그리고 돌아가신 아버지. "인생에서 소중한 것들을 좀 더 가르쳐 주고 싶었다"라는 말씀을 남기고 가셨습니다. 아버지의 삶의 모습, 생전의 가르침은 지금도 저에게 살아갈 힘을 줍니다.

당차게 행복한 인생을 살아갈 아이들의 모습을 마음에 그리며……

아다치 히로미

지은이 아다치 히로미(足立啓美)

일반사단법인 일본 긍정 교육협회 대표이사. 인정 긍정심리학 코치이며 멜버른대학 대학원 긍정교육 전문 과정 수료. 국내외 교육기관에서 10년간 학교 운영과 학생 지도를 거쳐 현재는 긍정심리학을 기반으로 한 교육 프로그램 개발해 초등학교, 중학교, 고등학교, 적응 지도교실 등 다양한 교육현장에서 회복력 교육 강사로 활약 중이다. 긍정 정신 건강 및 조직 개발에 관련된 기업 연수, 긍정심리학 코치로서 관리직 대상 코칭을 시행하고 있다. 공저로 《아이의 '역경에 지지 않는 마음'을 키우는 책》, 《일러스트 아이를 위한 긍정심리학》, 《발견하여 키우자! 자신의 '강점'》 등이 있다.

옮긴이 최현영

연세대학교와 연세대학교 국제학대학원을 졸업하고 일본 문부과학성 장학생으로 릿쿄대학 사회학연구과 연구 과정을 수료했다. 금융권 대기업 경영기획팀에서 근무하기도 했으며, 현재 영미서 및 일서를 기획·번역하고 있다. 역서로 《언어, 빛나는 삶의 비밀》, 《거꾸로 읽는 그리스 로마사》, 《오늘은 두부 내일은 당근 수프》가 있다.